高职高专经管系列教材

物流设施设备

WULIU SHESHI SHEBEI

王雅蕾　黄　莉　黄　蘋◎主　编

宋伦斌　黄　阳　乔　森　刘　利◎副主编

电子工业出版社

Publishing House of Electronics Industry

北京·BEIJING

图书在版编目（CIP）数据

物流设施设备 / 王雅蕾，黄莉，黄蘋主编. —北京：电子工业出版社，2021.9

ISBN 978-7-121-38794-4

Ⅰ. ①物… Ⅱ. ①王… ②黄… ③黄… Ⅲ. ①物流－设备管理－高等学校－教材 Ⅳ. ①F253.9

中国版本图书馆 CIP 数据核字(2020)第 047054 号

责任编辑：刘淑丽

印　　刷：北京天宇星印刷厂

装　　订：北京天宇星印刷厂

出版发行：电子工业出版社

　　　　　北京市海淀区万寿路 173 信箱　　邮编 100036

开　　本：787×1092　　1/16　　印张：12.25　　字数：298 千字

版　　次：2021 年 9 月第 1 版

印　　次：2025 年 8 月第 4 次印刷

定　　价：48.00 元

凡所购买电子工业出版社图书有缺损问题，请向购买书店调换。若书店售缺，请与本社发行部联系，联系及邮购电话：（010）88254888，88258888。

质量投诉请发邮件至 zlts@phei.com.cn，盗版侵权举报请发邮件至 dbqq@phei.com.cn。

本书咨询联系方式：（010）88254199，sjb@phei.com.cn。

前　言

物流设施设备是现代物流系统正常运作的基础，其合理配置与使用管理直接关系到物流系统的工作效率和效益。作为物流专业学习的基础课程，本书具有很强的实践性和操作性。

本书共八章，内容包括物流设施设备概述、运输设施与设备、仓储设施与设备、装卸搬运设备、集装单元设备、包装设备、流通加工设备和物流信息技术设备。除此之外，本书大篇幅地介绍了智慧物流中的"黑科技"，如智能配送机器人、无人机、无人仓、AR等，它们正重塑物流市场的主体，带领物流设施设备朝着自动化、集成化和智能化的方向发展。

本书每章都附有习题，通过本课程的学习，学生能对物流设施设备的合理选择、正确配置、合理使用及规范化管理有较深的认识，做到选好、用好、管理好现代物流设施设备。本书力求突出"理论够用、重在实操"和"简单明了、方便实用"的特色，尽力做到理论既够用又通俗易懂，既讲解全面又重点清晰，突出以应用能力为根本的职业教育的特点。

本书由王雅蕾、黄莉、黄蘋担任主编，在编写过程中组织物流行业有实践经验的专家、企业高管参与审稿定稿，具体写作分工如下：王雅蕾、黄蘋（重庆城市管理职业学院）编写第一章、第三章；宋伦斌（重庆城市管理职业学院）编写第二章、第七章；黄阳、刘利（重庆城市管理职业学院）编写第四章；黄莉、黄蘋编写第五章、第八章；乔森（重庆城市管理职业学院）编写第六章。由王雅蕾负责本书的结构框架设计，刘利和乔森负责统稿，参编的各位老师、专家、企业高管在修改定稿方面做了大量的工作。

本书在编写过程中浏览和引用了中国物流与采购联合会、"物流搜索"公众号、"物流技术与应用"公众号、"物流沙龙"公众号等网络上的相关内容资料，此外还参考了大量有关的书籍及文献，引用了众多专家学者的资料，已在参考文献中注明，在此对他们表示衷心的感谢！

由于现代物流业发展迅猛，新技术与设备不断涌现，加上编者水平有限，书中疏漏之处在所难免，敬请广大读者批评指正。

编　者

目　录

第一章 物流设施设备概述

Chapter 1 Overview of Logistics Facilities and Equipment

知识目标

　　了解物流设施设备的构成、特点,以及物流设施设备在物流系统中的地位与作用,了解物流设施设备的概念,掌握物流设施设备的分类,合理选择与配置物流设施设备

引导案例

带机械臂的无人驾驶车,"最后一千米"的配送、搬运、投递

　　图 1.1 是爱沙尼亚邮政科技公司 Cleveron 近期推出的第一款快递机器人。该机器人专用于包裹"最后一千米"的配送,是有史以来推出的最节省时间的"最后一千米"配送方案。从外观上看,该款机器人更像一辆无人驾驶小车。与丰田、谷歌无人驾驶车都非常相似。但不同的是,该小车配备有一个可折叠的机械臂,是一款多功能型机器人,集配送、存储、投递为一体。这就意味着该款机器人既有存储货物、运输货物的功能,也有投递包裹的功能。

图 1.1　快递机器人

　　首先,在用户下单后,系统订单直接分配到离用户距离最近的前置仓进行人工分拣货物,机器人直接完成由库到家的配送,没有末端网点分发这一环节。然后机器人以最快的速度自动驾驶到用户家门口进行投递。在投递环节,机械臂是折叠隐藏在机器人身上的,当到达用户家门口时,机器人通过传感系统让储物柜感知到机器人的位置。当储物柜的柜门打开时,机器人使用机械臂将包裹投递到储物柜,如图 1.2 所示。这一环节节省了双方等待的时间,机器人不用等待用户前来取货,用户也不用等待机

器人上门送货。机器人投递完包裹即可离开，用户随时可以去储物柜取包裹。

图 1.2 机器人将货物投递到储物柜

该方案的核心除了快递机器人，还有 Cleveron 推出的个人包裹储物柜，其实就是安装在用户家门口的大型私人信箱。不过该信箱可能只适合国外的联排式住宅，并不适合拥挤的城市楼房。

（资料来源：http://www.logclub.com/）

讨论：

该款快递机器人都具备哪些功能？在投递环节是如何操作实施的？

第一节 物流设施设备的概念

Section 1 Concept of Logistics Facilities and Equipment

物流是指为了满足客户的需求，以最低的成本，通过运输、保管、配送等方式，实现原材料、半成品、成品或相关信息进行由商品的产地到商品的消费地的计划、实施和管理的全过程。物流管理是指在社会再生产过程中，根据物质资料实体流动的规律，应用管理的基本原理和科学方法，对物流活动进行计划、组织、指挥、协调、控制和监督，使各项物流活动实现最佳的协调与配合，以降低物流成本，提高物流效率和经济效益。《2017—2018 罗戈物流行业年报》指出，物流行业是超过 10 万亿元抗经济周期的基础产业，而且随着科技的进步，物流行业的创新和服务能力的提升会改变商业的流通格局和商业模式。

一、概念

物流设施设备是进行各项物流活动和物流作业所需要的设施与设备的总称。它贯穿于整个物流系统，深入每个作业环节，是实现物流各项作业功能的物质基础，也是物流服务水平的重要体现。

它包括各种装卸设备、运输工具，也包括货运站场、运输港口、仓库和通信设施等基础设施。物流设施设备随着物流的产生和现代科技的应用蓬勃发展，高度发达的物流设施设备是现代物流的特征之一。

二、物流设施设备的地位和作用

物流已经成为我国经济发展的重要产业和新的经济增长点。物流设施设备是物流系统的重要内容，先进的物流设施设备是物流全过程高效、优质、低成本运行的保证。物流设施的布局、物流设备的选择与配置是否合理直接影响着物流功能的实现，影响着系统的效益。因此，正确理解物流设施设备在物流系统中的地位与作用，掌握物流设施设备的概念、分类、特点及用途，合理选择与配置物流设施设备，正确使用和科学管理物流设施设备，是对每一个从事物流管理的专业技术人员的基本要求。

物流设施设备在物流系统中的地位和作用可以概括为以下几个方面。

1．物流活动的物质技术基础

物流设施设备是进行物流活动的物质技术基础，是实现物流功能的技术保证，是实现物流智能化、科学化、自动化的重要手段。

2．物流系统的重要资产

物流设施设备是物流系统的主要组成部分，也是物流企业服务能力的主要体现。物流设备资产在物流系统中占据较大的比重，一般为 60%~70%，特别是大型、重型、高精度、全自动成套的设备，技术含量和价值更高。

3．影响物流活动各个环节的作业效率

物流设施设备贯穿于物流系统的全过程，深入每个作业环节，包括包装、运输、储存、装卸、搬运、流通加工、配送等。物流设施的布局、物流设备的选择与配置是否合理直接影响着物流功能的实现，影响着各个环节的作业效益。

4．物流技术水平的重要标志

物流设施设备是物流技术水平的重要标志，物流设备的普及程度直接反映着一个国家的现代化程度和技术水平情况。一个高效的物流系统离不开先进的物流技术和先进的物流管理。

第二节 物流设施设备的分类

Section 2 Classification of Logistics Facilities and Equipment

一、物流基础设施

物流基础设施是在供应链的整体服务功能上和供应链的某些环节上，满足物流组织与管理需要的、具有综合或单一功能的场所或组织的统称，主要包括公路、铁路、港口、机场、流通中心及网络通信基础等。

2017 年我国社会物流总费用占 GDP 的 14.6%，而美国只有 7%~8%，日本不到 5%。我国物流业对国民经济和其他产业的贡献不高，主要是受制于基础设施条件，如果基础设施条件有所改善，物流业的贡献率会有很大的提升空间。

以交通运输条件为例，交通基础设施的建设是物流基础设施的一大核心。近年来，我国把交通投资先行作为国民经济发展的重要战略之一，各地纷纷致力于交通设施建设，交通投资保持着较高的发展速度，国民经济的"可动性"大大提高，这对降低运输成本有着积极作用。

二、物流设备

物流设备是指进行各项物流活动所需的机械设备、器具等可供长期使用，并且在使用中基本保持原有实物形态的物质资料，不包括建筑物、装卸站台等物流基础设施。

物流设备门类全，型号规格多，品种繁杂，一般以设备所完成的物流作业为标准，把物流设备分为以下几类。

1. 运输设备

运输在物流行业的独特地位对运输设备提出了更高的要求，要求运输设备具有智能化、标准化、节能化和安全可靠的特性，以提高运输的作业效率，降低运输成本，并且使运输设备得到最优的利用。根据运输方式的不同，运输设备可分为载货汽车、铁道货车、水运设备、航空设备和管道设备等。

（1）载货汽车，如厢式货车、罐式货车、自卸车、半挂牵引车、冷藏车、大件运输车。

（2）铁道货车，如平车、罐车、粮食漏斗车、敞车、篷车、保温车、特种车、长大货物车。

（3）水运设备，如杂货船、散货船、冷藏船、油轮、液化气船、集装箱船、滚装船、载驳船。

（4）航空设备，如货机、航空集装箱、集装板、助航灯光、仪表着陆系统。

（5）管道设备，如管道、吊管器、对口器、泵机组、阀门组、计量设备、加热设备。

2. 仓储设备

仓储设备主要包括存储设备、物料搬运设备、单元输送设备、分拣设备、计量设备、数据采集设备和安全设备等，这些设备可以组成自动化、半自动化、智能化的仓库，来堆放、存取和分拣承运物品。

（1）存储设备，如货架（托盘式货架、悬臂式货架、重力式货架、旋转式货架、阁楼式货架）、堆垛机、提升机、水平式回转自动库、垂直式回转自动库。

（2）物料搬运设备，如搬运机器人、AGV。

（3）单元输送设备，如重力式输送机、动力式输送机、综合输送系统。

（4）分拣设备，如堆块式分拣系统、交叉带分拣系统、轨道台车分拣机、摇臂式分拣系统、斜导轮式分拣机、垂直式分拣系统、智能分拣机器人。

（5）计量设备，如电子台秤、地重衡、轨道衡、自动检重秤。

（6）数据采集设备，如条码识别系统、无线射频识别（RFID）系统、数据终端。

（7）安全设备，如火灾自动报警设备、防盗报警设备、消防器材。

3. 集装单元器具

集装单元器具主要有集装箱、托盘、周转箱和其他集装单元器具。货物经过集装单元器具的集装或组合包装后，具有较高的灵活性，利于实现储存、装卸搬运、运输和包装的一体化，达到物流作业的机械化和标准化。

4. 装卸搬运设备

装卸搬运设备是指用来搬移、升降、装卸和短距离输送物料的设备，是物流设备的重要组成部分。从用途和结构特征来看，装卸搬运设备主要包括起重机械、输送机械、装卸机械、工业车辆、管道气力输送装置等。

（1）起重机械，如轻型起重设备、门式起重机、桥式起重机、悬臂式起重机、垂直提升机械。

（2）输送机械，包括辊式、轮式、皮带式、链式、悬挂式等各种输送机。

（3）装卸机械，如汽车吊、塔吊、桥吊、门吊、浮吊、叉车、铲车、装载机。

（4）工业车辆，如起升车辆、固定平台搬运车、牵引车、推顶车、电动平车。

（5）管道气力输送装置，如液体和气体管道气力输送机、散料管道气力输送机。

5．流通加工设备

流通加工设备主要包括金属加工设备（如激光切割机、冲孔机、剪板机、折弯机、刨槽机、滚圆机、焊接机）、搅拌混合设备（如混凝土搅拌机、干粉混合搅拌机）、木材加工设备及其他流通加工设备。

6．包装设备

包装设备是指完成全部或部分包装过程的机器设备，是使产品包装实现机械化、自动化的根本保证，主要包括填充设备、罐装设备、封口设备、裹包设备、贴标设备、清洗设备、干燥设备、杀菌设备等。

第三节　物流设施设备的现状及发展趋势

Section 3　Current Situation and Development Trend of Logistics Facilities

一、物流设施设备的现状

（一）物流基础设施的现状

根据《2017 年交通运输行业发展统计公报》，物流基础设施情况如下。

1．铁路

2017 年，全国铁路营业里程达到 12.7 万千米，其中高铁营业里程 2.5 万千米。全国铁路路网密度 132.2 千米/万平方千米，在铁路营业里程中，复线里程 7.2 万千米，电气化里程 8.7 万千米，如图 1.3 所示。

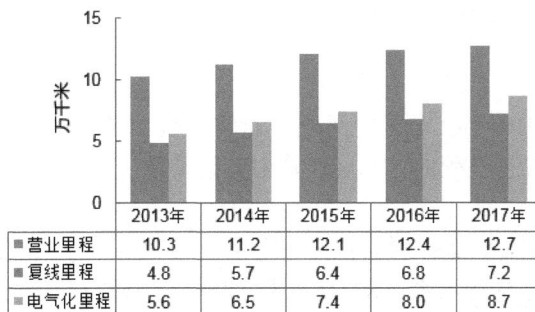

	2013年	2014年	2015年	2016年	2017年
■营业里程	10.3	11.2	12.1	12.4	12.7
■复线里程	4.8	5.7	6.4	6.8	7.2
■电气化里程	5.6	6.5	7.4	8.0	8.7

图 1.3　2013—2017 年全国铁路营业里程

资料来源：《2017 年交通运输行业发展统计公报》

2．公路

2017 年，全国公路总里程 477.35 万千米，公路密度 49.72 千米/百平方千米，如图 1.4 所示。

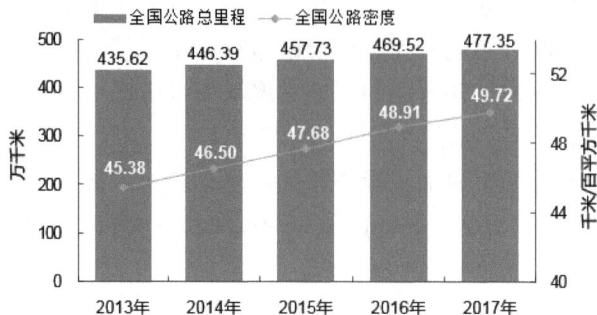

图 1.4　2013—2017 年全国公路总里程及公路密度

资料来源：《2017 年交通运输行业发展统计公报》

国道 35.84 万千米，省道 33.38 万千米。农村公路里程 400.93 万千米，其中县道 55.07 万千米，乡道 115.77 万千米，村道 230.08 万千米。全国公路桥梁 83.25 万座、5 225.62 万米，其中特大桥梁 4 646 座、826.72 万米，大桥 91 777 座、2 424.37 万米。全国公路隧道 16 229 处、1 528.51 万米，其中特长隧道 902 处、401.32 万米，长隧道 3 841 处、659.93 万米。2017 年全国公路里程分技术等级构成，如图 1.5 所示。

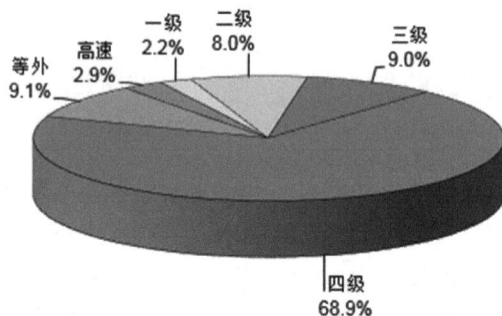

图 1.5　2017 年全国公路里程分技术等级构成

资料来源：《2017 年交通运输行业发展统计公报》

3．水路

（1）内河航道。2017 年，全国内河航道通航里程 12.70 万千米，如图 1.6 所示。等级航道 6.62 万千米，占总里程的 52.1%。其中三级及以上航道 1.25 万千米，占总里程的 9.8%。

各水系内河航道通航里程分别为：长江水系 6.49 万千米，珠江水系 1.65 万千米，黄河水系 0.35 万千米，黑龙江水系 0.82 万千米，京杭运河 0.14 万千米，闽江水系 0.20 万千米，淮河水系 1.75 万千米。

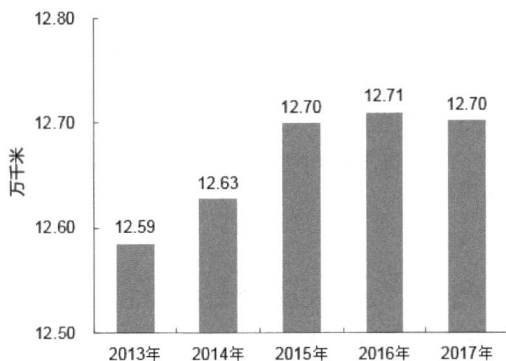

图 1.6　2013—2017 年全国内河航道通航里程

资料来源:《2017 年交通运输行业发展统计公报》

（2）港口，全国港口拥有生产用码头泊位 27 578 个，内河港口生产用码头泊位 21 748 个。全国港口拥有万吨级及以上泊位 2 366 个，内河港口万吨级及以上泊位 418 个。

在全国万吨级及以上泊位中，专业化泊位为 1 254 个，通用散货泊位为 513 个，通用件杂货泊位为 388 个。

4. 民航

根据国家民航局数据显示，2018 年我国境内民用航空（颁证）机场共有 235 个（不含香港、澳门和台湾地区），其中定期航班通航机场 233 个，定期航班通航城市 230 个。相较于 2017 年新增 6 个通航机场，全年新开工、续建的机场项目共计 174 个，新增 6 条跑道，305 个停机位。

随着我国机场数量的增多和航空运输需求的扩大，我国机场业务量保持着快速稳步增长的态势，旅客吞吐量增速超过 10%，货物吞吐量保持稳步提高。根据民航局数据显示，2018 年我国民航机场游客吞吐量达到 12.65 亿人次,同比增长 10.2%;货物吞吐量达到 1 674 万吨，同比增长 3.5%。2019 年 1—4 月，游客吞吐量达到 4.38 亿人次，同比增长 7.1%;而受到高铁和公路、水路运输的冲击，货物吞吐量小幅下降 1.4%，如图 1.7 所示。

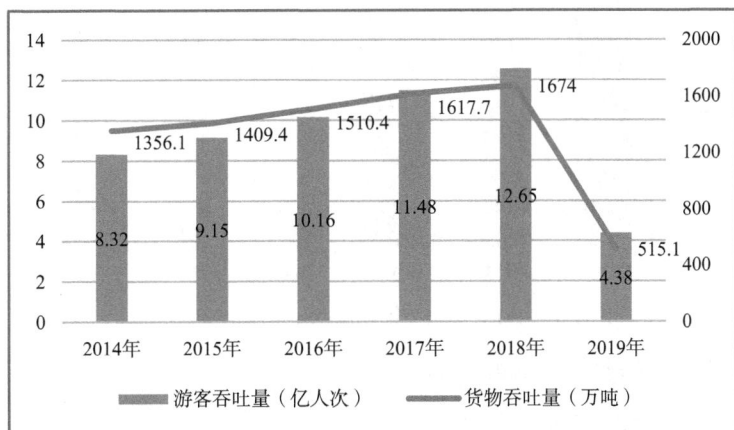

图 1.7　2014—2019 年我国民航机场吞吐量

资料来源：国家统计局，前瞻产业研究院整理

（二）物流设备的现状

1．铁路

2017年，全国拥有铁路机车2.1万台，其中内燃机车占40.4%，电力机车占59.5%。拥有铁路客车7.3万辆，比2016年增加0.2万辆，其中动车组2 935标准组、23 480辆，比2016年增加349标准组、2 792辆。拥有铁路货车79.9万辆。

2．公路

2017年，全国拥有载货汽车1 368.62万辆，11 774.81万吨位。其中，普通货车902.90万辆，4 868.40万吨位；专用货车46.25万辆，499.10万吨位；牵引车207.29万辆；挂车212.18万辆，如图1.8所示。

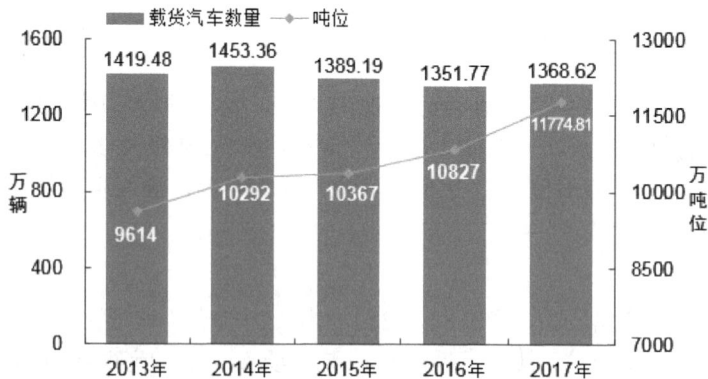

图1.8　2013—2017年全国载货汽车数量

资料来源：《2017年交通运输行业发展统计公报》

3．水路

2017年，全国拥有水上运输船舶14.49万艘；净载重量25 652万吨，如图1.9所示。

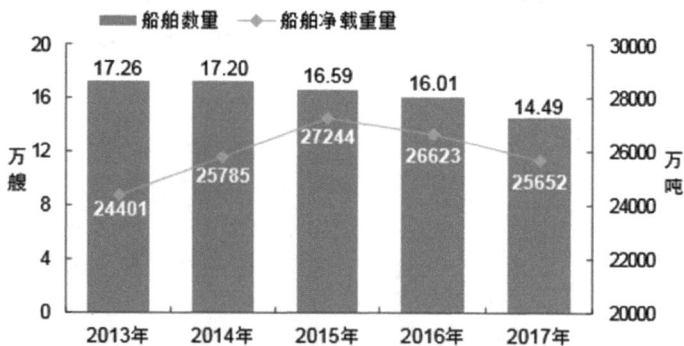

图1.9　2013—2017年全国水上运输船舶数量

资料来源：《2017年交通运输行业发展统计公报》

4．航空

自2006年以来，我国全民航每年新增全货机10架左右，其中大型的B747-400F和B777-F增速尤为迅猛。

2018 年国内航空公司共计新引进飞机 426 架，至 2018 年年底，国内民航运输机队规模达到 3 615 架。2018 年国内航空公司引进货机 15 架，其中顺丰航空 9 架（包括 8 架 B757 货机及其首架 B747 货机）、圆通 3 架 B757 货机、龙浩 2 架 B737-300 货机、友和道通 1 架 A300 货机。至 2018 年年底，国内在营全货机共计 158 架，全货运航空公司 8 家。顺丰航空机队达到 50 架，迈入中型航空公司行列。

二、物流设施设备的发展趋势

1. 实用化和柔性化

物流设备是现代化、自动化物流的重要物质技术基础。物流设备要求使用方便，容易维护、操作，具有优异的耐久性、无故障性和良好的经济性，以及较高的安全性、可靠性。因此，今后会更加注重开发使用性能好、成本低、可靠性高、柔性化的物流机械设备。

2. 自动化和智能化

将机械技术和电子技术相结合，将先进的微电子技术、电力电子技术、光缆技术、液压技术、模糊控制技术隐蔽功能应用到机械的驱动和控制系统，实现物流设备的自动化和智能化将是今后的发展方向。例如，大型高效起重机的新一代电气控制装置将发展为全自动数字化控制系统，可使起重机具有更高的柔性，以提高单机综合自动化水平，自动化仓库中的送取货小车、智能式搬运车、公路运输智能交通系统（ITS）的开发和应用已引起各国的广泛重视。此外，卫星通信技术及计算机、网络等多项高新技术结合起来的物流车辆管理技术正在逐渐得到应用。

3. 专用化和通用化

随着物流的多样化发展，物流设备的品种越来越多且不断更新。物流活动的系统性、一致性、经济性、机动性、快速化，要求一些设备向专用化方向发展，又需要有一些设备向通用化、标准化方向发展。通用化主要以集装箱运输的发展为代表。大型集装箱拖车可运载海运、空运、铁运的所有尺寸的集装箱，还有正在研究的载客管道运输等。通用化设备实现物流作业的快速转换，极大地提高了物流作业效率。

4. 成套化和系统化

只有当组成物流系统的设备成套、匹配时，物流系统才是最有效、最经济的。

在物流设备单机自动化的基础上，通过计算机把各种物流设备组成一个集成系统，通过中央控制室的控制，与物流系统协调配合，形成不同机种的最佳匹配和组合，将会取长补短，发挥最佳效用。为此，成套化和系统化物流设备具有广阔发展前景，以后将重点发展的有工厂生产搬运自动化系统、货物配送集散系统、集装箱装卸搬运系统、货物自动分拣与搬运系统等。

5. 绿色化

"绿色"即达到环保要求，这涉及两个方面：一是与牵引动力的发展及制造、辅助材料等有关，二是与使用有关。

对于牵引动力的发展，一要提高牵引动力；二要有效利用能源，减少污染排放，使用清洁能源及新型动力。对于使用因素，包括对各物流的维护、合理调度、恰当使用等。

"生态环境保护"一直以来都是我国政府高度重视的问题，推进节能减排、可持续发展是关乎国计民生的大事。目前我国整个物流行业存量有超过 2 000 万辆燃油物流车，新能源物流车当前市场渗透率只有 2%，新能源物流车替代燃油物流车拥有巨大的市场容量。有业内人士预计，从市场发展规模和投入的资源比例来看，新能源物流车潜在的市场空间可达 300 万辆。

第四节　物流设施设备选型基本原则分析

Section 4　Analysis of Basic Principles of Logistics Facility Equipment Selection

1．系统性原则

按系统性原则配置与选择物流设施设备，就是在配置、选择过程中用系统的观点和方法，对物流设施设备运用所涉及的各环节进行系统分析，根据物流系统总目标的要求，把物流设施设备与物流作业任务等有机地结合起来，改善各个环节的技能，使其配置、选择最佳，使物流设施设备发挥最大的效能，并且使物流系统的整体效益最优。

2．适用性原则

适用性是指物流设施设备在配置与选择时，应充分注意到与物流作业的实际需要和发展规划相适应，应符合货物的特性，适应货运量的需要，适应不同的工作条件和多种作业性能要求，操作使用灵活方便。

例如，叉车的功能就是短距离物料搬运，一般仓库的最普通搬运选用手动搬运叉车，室外作业可选用普通内燃叉车，室内作业一般选用电动叉车，集装箱等大吨位搬运要选用大吨位叉车，高架立体库要选择高架叉车，易燃易爆环境要选择防爆叉车等。所以，在配置与选择叉车设备时应根据物流作业的特点，找到必要功能，选择相应的设备。这样的物流技术装备才有针对性，才能充分发挥其功能。

3．技术先进性原则

技术先进性是指配置与选择的物流设施设备能够反映当前科学技术的先进成果，在主要技术性能、自动化程度、结构优化、环境保护、操作条件、现代新技术的应用等方面具有技术上的先进性，并且在时效性方面能满足技术发展的要求。

4．低成本原则

物流设施设备成本主要有原始费用和运行费用两大部分。

原始费用是购置设备发生的一切费用，包括设备购置价格、运输费、安装调试费、备品备件购置费、人员培训费等；运行费用是维持设备正常运转所发生的费用，包括间接或直接劳动费用、服务与保养费用、能源消耗费用、维修费用等。

在配置和选择设备时，只有同时考虑这两部分费用，才能取得良好的经济效益。

5．可靠性与安全性原则

随着物流作业现代化水平的提高，可靠性和安全性日益成为衡量设备质量的重要因素。

在配置与选择物流设施设备时，应充分考虑可靠性和安全性，以提高物流设施设备的利用率，防止人身事故，保证物流作业顺利进行。

6. 节能环保原则

世界各国都在尽力把绿色物流的推广作为物流业发展的重点，积极开展绿色环保物流的专项技术研究。例如，在物流系统和物流活动的规划与决策中尽量采用对环境污染小的方案，企业在选用物流设施设备时，应优先选择对环境污染小的绿色、节能产品。

7. 物流先行原则

物流设施设备的选择，应该本着物流先行的原则，在规划设计企业生产线之前，及时考虑物流系统配置问题，做好配送中心的选址与企业物流系统对接；然后根据物流配送中心的需求综合考虑货架系统、分拣系统、托盘及叉车等搬运设备及周边物流设备，在此基础上确定配送中心设施建设的设计要求。

📚 案例

自动化物流技术在新华制药转型升级中的创新应用

山东新华制药股份有限公司（简称新华制药）是亚洲最大的解热镇痛药生产和出口基地，是国内重要的抗感染类药物、心脑血管类药物、中枢神经类药物、激素类药物、驱虫类药物等的重要生产企业。近年来，面对劳动力价格的上涨、制造业高端化竞争日益激烈、自动化技术发展应用日渐广泛的大趋势，新华制药大力推进"机器换人"工程，以自动化、智能化技术装备促进企业转型升级。2015 年，新华制药启动了现代医药国际合作中心建设项目，包括仓库（现代医药物流中心）、制剂车间一（现代医药国际合作中心）、制剂车间二（现代医药固体制剂中心）。

一、物流中心布局

1. 自动化立体仓库（AS/RS）

自动化立体仓库由计算机通过仓库管理系统（Warehouse Management System, WMS）进行控制和管理，该立体仓库采用 11 层立体式存储货架，合计 17 160 个托盘位，预计存储能力达 25 万件。立体仓库共设计有 13 个巷道，采用双立柱型堆垛机进行出入库作业，具有空间利用率高、人力成本低、作业效率高及管理信息化等优点，可持续检查货期或查找库存商品，防止不良库存，提高管理水平。自动化仓储系统能充分利用存储空间，通过计算机可实现设备的联机控制，以先入先出的原则，迅速准确地处理物品，合理进行库存管理及数据处理。

2. 楼库

楼库一层为收发货作业区及原辅料存储区，物流中心无线网络的全覆盖，使收货作业可通过无线射频智能无线收货台车对商品进行收货入库作业，具有灵活便捷及操作准确等优点；对于尺寸较大、不宜入立体库的原辅料采用压入式高位货架的存储模式，共设计 270 个托盘位，可存储原辅料 2 500 件。

楼库二层为与生产车间相连的箱式输送及自动码垛区，可将生产车间成品通过输送线送至自动码垛区进行自动码垛入库，如图 1.10 所示。

图 1.10　自动码垛入库

楼库三层为专管库房（冷库、麻精库），共设计托盘位 461 个，存储能力为 7 000 件。

楼库四层为整件堆垛区，共设计托盘位 558 个，存储能力为 8 400 件。出入库作业均采用手持无线终端设备，通过信息化系统管理，实现流程化、无纸化作业。

二、实施效果

新华制药西园物流中心项目建成后，其工厂的物流管理水平得到了明显提升，具体表现在以下两个方面。

首先，大幅度提高了新华制药的仓储能力和自动化作业水平。仓储能力可达 26.8 万件；全自动化的作业模式可实现对单件商品的全程自动化跟踪，WMS 的引入，通过入库业务、出库业务、仓库调拨、库存调拨和虚仓管理等功能，结合批次管理、物料对应、库存盘点、质检管理、虚仓管理和即时库存管理等功能的综合运用，有效实现控制并跟踪仓库业务的物流和成本管理全过程，实现完善的企业仓储信息管理。

其次，在运行能力方面，仓储管理从原先的人工操作、手工账目过渡到全部自动化、电子化管理，这不仅降低了人力资源成本和仓储成本，提高了自动化水平，更提高了企业供应链的运行效率，在山东省药品生产厂家的仓储管理中也属于领先水平。未来，该物流中心还将应用更多的自动化设备，实现从车间生产的自动包装到仓储作业的完全自动化。

讨论：

（1）在新华制药的物流中心布局中，自动化立体仓库起到了哪些作用？

（2）四个楼层的规划布局分别是什么？

习题

一、填空题

1. 根据运输方式的不同，运输设备可分为载货汽车、铁道货车、水运设备、＿＿＿＿、＿＿＿＿和管道设备等。

2．物流设备选型的基本原则有系统性原则、适用性原则、技术先进性原则、_____、_____、_____、节能环保原则。

二、简答题

1．简述物流设施设备的分类。

2．简述物流设施设备的发展趋势。

第二章 | 运输设施与设备

Chapter 2　Transport Facilities and Equipment

知识目标

掌握运输设施与设备的类型、特点和用途，了解公路、铁路、航空和水路运输设施与设备的主要结构，识别各种运输设施与设备的构成，根据货物选择适合的运输设备，了解智慧运输"黑科技"中的无人机、无人驾驶车、智能机器人的发展趋势

🔍 引导案例

无人配送物流车给快递业带来的变化

随着电子商务的爆发式增长，中国快递业务量在 1990 年为 343 万件，2000 年为 1.1 亿件，到 2010 年已达 23.4 亿件，2014 年达 140 亿件，2017 年我国快递业务量更是突破 400 亿件，连续 4 年稳居世界第一。正是网上消费模式的发展，促进了快递业的繁荣。但快递行业的门槛低、操作不规范等问题，为快递业的不堪重负埋下了伏笔，"最后一千米"管理水平、响应时间及成本与服务水平的博弈作为客户选择快递企业的重要量尺，也逐渐成为决定快递企业成败的重要方面。

"无人配送物流车"的出世无疑给快递"最后一千米"开辟了一块新大陆，让最后一千米不再是快递企业的痛点，也让消费者更早一步收到心仪已久的货物，而且负责配送的是一辆"萌萌"的无人配送小车。

北京智行者科技有限公司（简称智行者）的"蜗必达"就是这样一辆无人配送小车。为什么叫"蜗必达"？因为蜗牛代表的是低速、安全及永不放弃。它的产生源于将自动驾驶技术应用于物流配送行业的无人物流配送产品。产品搭载了智行者自主研发的系统 AVOS，提供了多传感器自适应融合算法、环境认知算法、设计合理的路径规划算法、高可靠性的控制算法和智能配送的解决方案，可实现智能化的自动物流配送。

在快递业的成本构成中，人力成本占总成本的 50%。2016 年三轮快递员的数量为 118 万，仓储协管员的数量为 16.9 万，卡车司机有 5.1 万人，该"无人配送物流车"产生的重点是节约支线物流 118 万名快递员的人力成本。而且快递员可通过无人配送物流车提高物流配送效率，同时为用户提供安全快捷的物品配送体验。

2017 年 6 月 20 日，"蜗必达"无人配送物流车首次公开亮相，主要应用于小区或

园区内的无人物流配送，旨在从最后一千米的无人化切入，提升整个物流链条的综合效益。21日，该无人配送物流车在清华大学校园内实时展示了其在复杂环境下的运营情况。用户只需要下载"蜗必达"App进行验证，就可根据提示完成送货或收货的快捷存取。

低速无人配送物流车"蜗必达"于2016年11月在内部立项，2017年3月进驻清华大学进行常态化测试，5月升级方案定型，目前在清华大学、中国人民大学校园内进行试运营。

无人配送物流车的亮点主要有以下几个。

（1）智能化，对复杂场景的适应能力强。

（2）低速运行，安全可靠，配送效率高。

（3）嵌入式低成本方案。

（4）拥有自测路况和自动避让及分析处理交通异常的能力。

那么，当面对这样一个低速物流车的场景时，该如何保证智行者的解决方案是最佳的呢？对此，智行者CEO张德兆表示，智行者主要在以下几个方面进行衡量和优化。

（1）对复杂场景的适应程度。比如在校园和园区场景中，茂盛树木的遮挡常常造成卫星定位失效，此时，如何保证激光雷达对自身的精准定位就至关重要。另外，低速物流车也需要应对道路参与者的异常交通行为，对其进行目标动机估计，并且对路径进行重新规划。

（2）产品综合成本。目前，智行者在其低速物流车上使用了两种激光雷达，一处是前向的16线Velodyne激光雷达，另外在车身下部周围还安装了3个1线Sick激光雷达。这些雷达都是进口的，性能稳定，但价格也较高。对此，张德兆表示，智行者正在接洽国内的激光雷达厂商，以期在未来降低产品成本。

（3）底盘执行器。虽说是低速物流车，但目前有不少企业做的行车底盘事实上是达不到产品级要求的。

（4）业务功能实用程度。这里指的是续航、电池充电用时等参数。

（资料来源：https://www.camcard.com/info/l5a621b91f149bc416b8a7924）

讨论：

无人配送物流车"蜗必达"是如何实现智能化的物流配送的？

第一节　公路运输设施与设备

Section 1　Highway Transport Facilities and Equipment

一、公路运输设施与设备的内涵

1. 公路运输设施与设备的含义

公路运输是指在公路上使用汽车和其他运输工具从事旅客或货物的运输，也称城乡道路运输。

公路运输基础设施主要是指公路及其附属设施、货运场站，它是汽车运输的物质基础。道路（公路和城市道路）是指主要供车辆行驶的工程结构物，由路基、路面、桥梁、涵洞和隧道及沿线附属设施等组成。

公路运输设备主要是指运输车辆，公路上所使用的运输车辆主要是汽车。汽车主要分为客车、载货汽车和专用运输车辆。在物流运输中，物流企业用到的主要是载货汽车。

2. 公路运输的特点

公路运输主要承担中短途运输、配送运输、特殊情况下的长途运输，此外，还承担着衔接其他运输方式的任务，与其他运输方式相比有以下几个特点。

（1）机动灵活，适应性强。公路运输网一般比铁路、水路运输网的密度要大十几倍，分布面也广，因此，公路运输的车辆可以无处不到。公路运输在时间方面的机动性也比较强，车辆可随时调度、装运，各环节之间的衔接用时较短。尤其是公路运输对客、货运量的多少具有很强的适应性，汽车的载重吨位有小（0.25～1 吨）有大（200～300 吨），既可以单车辆独立运输，也可以由若干车辆组成车队同时运输，这一点对抢险、救灾工作和军事运输具有特别重要的意义。

（2）可实现"门到门"直达运输。由于汽车体积较小，中途一般也不需要换装，除了可沿分布较广的路网运行，还可离开路网深入工厂企业、农村田间、城市居民住宅等地，即可以把旅客和货物从始发地门口直接运送到目的地门口，实现"门到门"直达运输。这是其他运输方式很难做到的。

（3）原始投资少，资金周转快。公路运输与铁路、水路、航空运输方式相比，所需固定设施简单，车辆购置费用也是几种运输方式中最低的。因此，投资开办公路运输企业的资金门槛低，投资回收期短。有关资料表明，在正常经营的情况下，公路运输的投资每年可周转 1～3 次，而铁路运输则需要 3～4 年才能周转一次。

（4）掌握车辆驾驶技术较容易。与火车司机或飞机驾驶员的培训和上岗要求相比，汽车驾驶技术比较容易掌握，对驾驶员的各方面素质要求相对也比较低。

（5）运量较小，运输成本较高。目前，世界上的大型汽车是白俄罗斯机械制造商别拉斯于 2013 年推出的 75 710 矿用自卸车，长 20.6 米，自重 450 吨，载重 450 吨左右，但其载重量仍比火车、轮船小得多。由于汽车载重量小，行驶阻力比铁路大 9～14 倍，所消耗的燃料又是价格较高的液体汽油或柴油，因此，除了航空运输，汽车运输是成本最高的运输方式。

（6）安全性较低，环境污染较大。根据历史记载，自汽车诞生以来，已致 3 000 多万人死亡，特别是从 20 世纪 90 年代开始，死于汽车交通事故的人数急剧增加，平均每年达 50 多万人。这个数字超过了艾滋病、战争和结核病每年的死亡人数。汽车所排出的尾气和引起的噪声也严重威胁着人类的健康，是大城市环境污染的最大污染源之一。

（7）运行持续性较差。据有关统计资料显示，在各种现代化的运输方式中，公路运输的平均运距较短，运行持续性较差。例如，我国 2015 年公路平均客运运距为 66 千米，货运运距为 184 千米；铁路平均客运运距为 523 千米，货运运距为 764 千米；水路货运平均运距为 1 495 千米。

二、常见的公路运输设施

（一）公路及公路附属设施

公路的字面含义是公用之路、公众交通之路，汽车、单车、人力车等众多交通工具及行人都可以通行。早期的公路没有限制，大多是简易公路，后来不同公路限制也不同。民间公路也称作道路或马路，但不限于马匹专用。

公路作为现代词语有两个基本因素：可以供汽车行驶，公用之路。

1．公路的技术等级

一般按照公路所适应的年平均昼夜交通量及其使用任务和性质，将公路分为若干技术等级。人民交通出版社于 2014 年出版的《公路工程技术标准》，将公路分为五个技术等级。

（1）高速公路。高速公路为专供汽车分方向、分车道行驶，全部控制出入的多车道公路。高速公路的年平均日设计交通量宜在 15 000 辆小客车以上。

（2）一级公路。一级公路为供汽车分方向、分车道行驶，可根据需要控制出入的多车道公路。一级公路的年平均日设计交通量宜在 15 000 辆小客车以上。

（3）二级公路。二级公路为供汽车行驶的双车道公路。二级公路的年平均日设计交通量宜为 5 000~15 000 辆小客车。

（4）三级公路。三级公路为供汽车、非汽车交通混合行驶的双车道公路。三级公路的年平均日设计交通量宜为 2 000 ~6 000 辆小客车。

（5）四级公路。四级公路为供汽车、非汽车交通混合行驶的双车道或单车道公路。双车道四级公路年平均日设计交通量宜在 2 000 辆小客车以下；单车道四级公路年平均日交通量宜设计在 400 辆小客车以下。

2．公路的行政等级

公路按使用性质可分为国家公路、省公路、县公路、乡公路（简称国道、省道、县道、乡道）及专用公路五个行政等级。一般把国道和省道称为干线，县道和乡道称为支线。

（1）国道。国道是指具有全国性政治、经济意义的主要干线公路，包括重要的国际公路，国防公路，连接首都与各省、自治区、直辖市首府的公路，连接各大经济中心、港站枢纽、商品生产基地和战略要地的公路。国道中跨省的高速公路由交通部批准的专门机构负责修建、养护和管理。

（2）省道。省道是指具有全省（自治区、直辖市）政治、经济意义，并且由公路主管部门负责修建、养护和管理的干线公路。国道中跨省的高速公路由交通部批准的专门机构负责修建、养护和管理。

（3）县道。县道是指具有全县（县级市）政治、经济意义，连接县城和县内主要乡（镇）、主要商品生产和集散地的公路，以及不属于国道、省道的县际公路。县道由县、市公路主管部门负责修建、养护和管理。

（4）乡道。乡道是指主要为乡（镇）村经济、文化、行政服务的公路，以及不属于县道以上公路的乡与乡之间及乡与外部联络的公路。乡道由乡（镇）人民政府负责修建、养护和管理。

（5）专用公路。专用公路是指专供或主要供厂矿、林区、农场、油田、旅游区、军事要地等与外部联系的公路。专用公路由专用单位负责修建、养护和管理，也可委托当地公路部门修建、养护和管理。

3. 公路附属设施

公路附属设施是指为保护、养护公路和保障公路安全畅通所设置的公路防护、排水、养护、管理、服务、交通安全、渡运、监控、通信、收费等设施设备及专用建筑物、构筑物等。公路主要的附属设施有防撞护栏、隔离栅、标志和标线、绿化工程等。

（二）公路货运站

公路货运站是指办理货物运输业务，进行货物装卸、中转换装、仓储保管等业务的场所。公路货运站是以设施、场地及配套设施设备为依托，融合现代物流管理理念和服务理念，为广大客户提供全方位、一体化的以公路运输为主体的货物运输组织、仓储、中转换装、装卸搬运、信息处理、综合物流等服务的空间场所，是公路货运中货流集结的重要载体。

1. 公路货运站的分类

（1）根据公路货运站建设投资主体的不同，公路货运站可以分为政府主导型模式和企业主导型模式。

政府主导型模式是指政府为公路货运站的建设投资主体，在公路货运站建设过程中，除了交通运输部、各省交通运输厅站场建设的专项补助，多数靠交通主管部门自筹资金进行建设。

企业主导型模式是指企业为公路货运站的建设投资主体，这种模式主要包括以下三种：一是运输企业主导公路货运站建设的模式，即除了交通运输部、省交通运输厅的补助资金，建设资金多数来源于某大型公路运输企业或运输集团公司的自筹资金或银行贷款；二是集团制建设模式，即由交通主管部门成立相应机构，对公路货运站进行统一管理，这些机构一方面代表政府对政府投资进行管理，另一方面是公路货运站建设的具体组织者；三是招投标建设模式，即由政府成立专门的招标办公室，对公路货运站项目实施招投标建设，中标企业可以是运输经营企业，也可以是其他投资方，建设资金主要由中标企业自筹解决。

（2）根据公路货运站的核心功能，公路货运站可以分为综合性公路货运站和专业性公路货运站。

综合性公路货运站是指集仓储、配送、流通加工、运输、装卸搬运、信息服务等功能于一体，分拣与配送多种商品的公路货运站，主要包括物流园区、物流中心和配送中心。

专业性公路货运站是指专门服务于某种特征货物的公路货运站，主要包括公路零担货运站、公路集装箱货运站。

2. 公路货运站的功能

（1）运输组织。运输组织是指进行货物运输市场的管理和站内运力与货流组织及管理。

具体职能有货运生产组织管理、货源组织与管理、运力组织与管理、运行组织与管理、参与货运市场管理。

（2）中转换装。货运站不仅要完成公路、水运、铁路集装箱和零担货物运输的中转换装，而且在不同的运输方式、不同企业之间的货物联合运输过程中，必然会产生货物中转换装的需求，所以，货运站应为货物中转和因储运需要而进行的换装运输提供服务。利用货运站内部装卸设备、仓库、堆场、货运受理点及相应的配套设施保证中转货物安全可靠地完成换装作业，及时运送到目的地。

（3）装卸储存。货运站应面向社会开放，为货主提供仓储、保管、包装服务，代理货主销售、运输所仓储的货物，并且在货运站场内进行各种装卸搬运作业，以利于货物的集、疏、运。

（4）运输代理。运输代理是指货运站为其服务区域内的各有关单位或个体代办各种货物运输业务，为货主和车主提供双向服务，选择最佳运输线路，合理组织多式联运，实行"一次承运，全程负责"，达到方便货主、提高社会效益和经济效益的目的。

（5）通信信息。建立通信信息中心，通过计算机及现代通信设施，使货运站与该地区有关单位，乃至与周围省、市，以及与全国各省、市、区的货运站形成信息网络，从而获取和运用有关信息，进行货物跟踪、仓库管理、运输付款通知、运费结算、托运事务处理、发货事务处理和运输信息交换等。通过网络系统，使货运站与港口、码头等交通设施有机联系、相互衔接，实现联网运输与综合运输。同时，面向社会提供货源、运力、货流信息和车货配载信息等服务。

（6）综合服务。货运站除开展正常的货运生产外，还应提供与运输生产有关的服务。如为货主代办报关、报检、保险等业务；提供商情信息等服务；开展商品的包装、加工、展示等服务；代货主办理货物的销售、运输、结算等服务。另外，还应为货运车辆提供停放、清洗、加油、检测和维修服务；为货主和司助人员提供食宿、娱乐服务等。

3. 公路货运站的设施组成

（1）生产设施。主要包括业务办公设施、库（棚）设施、场地设施、道路设施。

（2）生产辅助设施。主要包括维修维护设施、动力设施、供水供热设施、环保设施。

（3）生活辅助设施。主要包括食宿设施、卫生间和其他服务设施。

4. 公路货运站的分级

申请一级、二级货运站，一级、二级汽车零担货运站，一级、二级、三级集装箱中转站的，由县级以上道路运输管理部门逐级初审，市交通主管部门签署意见，省交通厅道路运输管理局审核，报省交通厅审定。申请三级、四级货运站，三级汽车零担货运站，四级集装箱中转站的，由县级道路运输管理部门初审，县级交通主管部门签署意见，市级道路运输管理部门审核，市交通主管部门审定。

一级：年换算货物吞吐量 600×10^3 吨及以上。

二级：年换算货物吞吐量 $300 \times 10^3 \sim 600 \times 10^3$ 吨。

三级：年换算货物吞吐量 $150 \times 10^3 \sim 300 \times 10^3$ 吨。

四级：年换算货物吞吐量不足 150×10^3 吨。

（三）停车场

停车场是供车辆停放的场所。

货物在运输时，货运汽车应尽可能停在货运车停车场。为单位业务使用提供的大型车、危险品车、集卡车、公共车等机动车辆停放、保养的场地，称为货运车停车场。

停车场的主要设备有交通信号、限速设备、智能化设备等。下面主要介绍一下停车场智能化设备。

停车场智能化设备指停车管理采用的由现代计算机网络监控指挥系统组成的多功能设备，包括智能化计时计费管理系统、网络多点运作信息传递系统、自动化电脑操作系统、消防火警报警系统、防盗窃报警系统、电视监控（可视和不可视）系统、对讲系统。

智能化设备分为主系统和子系统，主系统即中心控制室，子系统即各自独立按程序操作，并且将操作信息及时反馈给主系统加以汇总以发出新的指令的设备。

三、公路运输设备

公路运输设备主要是指载货汽车，即货运汽车。

载货汽车一般称作货车，又称卡车，指主要用于运送货物的汽车，有时也指可以牵引其他车辆的汽车，属于商用车辆类别。一般可依照车的重量分为重型和轻型两种。按照动力能源类型可以分为燃油车、燃气车和新能源车。绝大部分货车都以柴油引擎作为动力来源，但有部分轻型货车使用汽油、石油气或天然气。新能源又称非常规能源，是指传统能源之外的各种能源形式，如太阳能、地热能、风能、海洋能、生物质能和核聚变能等。

随着传统汽车数量的急剧增加，城市交通越来越拥堵。政策针对各种车辆出台了多种交通规定，针对货车运输问题除了限号、限行的交通政策，甚至要办理入城证才能入城，而且在限行、限号期间不得入城，这就大大限制了运输业的效率。但新能源货车不限行、不限号、免入城证。新能源货车结构简单、维修方便，更加节能环保，其应用可有效地减少对石油资源的依赖。当然，就目前而言，新能源货车也存在能源短缺、续航不足、购置成本高、动力不足等问题。新能源货车仅适合短途、同城运输配送、同城物流、搬家等。

根据我国《机动车类型 术语和定义》（GA 802—2014）记录，载货汽车可以分为八类。

（1）普通货车。载货部位的结构为栏板的载货汽车（包括具有随车起重装置的栏板载货汽车），但不包括具有自动倾卸装置的载货汽车。

（2）厢式货车。载货部位的结构为厢体且与驾驶室各自独立的载货汽车；厢体的顶部应封闭，不可开启。

（3）仓栅式货车。载货部位的结构为仓笼式或栅栏式且与驾驶室各自独立的载货汽车。

（4）封闭货车。载货部位的结构为封闭厢体且与驾驶室联成一体，车身结构为一厢式或两厢式的载货汽车。

（5）罐式货车。载货部位的结构为封闭罐体的载货汽车。

（6）平板货车。载货部位的底板为平板结构且无拦板的载货汽车。

（7）集装箱车。载货部位为框架结构且无底板，专门运输集装箱的载货汽车。

（8）车辆运输车。载货部位经过特殊设计和制造，专门用于运输商品车的载货汽车。

根据用途不同，载货汽车可以分为普通货车、专用货车和特种货车。

普通货车是指具有栏板式车厢，用于运载普通货物的汽车；专用货车是指装置有专用设备、具备专用功能、承担专门运输任务的汽车，如自卸车、罐式货车、冷藏车、牵引车、挂车等；特种货车是指超过一般运输车辆限制或使用功能特殊的车辆。

（一）普通货车

普通货车主要包括普通栏板式货车、厢式货车、飞翼车、仓栅式货车等。

1. 普通栏板式货车

普通栏板式货车通常在货车部分带有一定高度的栏板，以便固定或装载货物，但没有顶棚，是开敞结构的，如图2.1所示。

图 2.1　普通栏板式货车

普通栏板式货车具有整车重心低、载重量适中的特点，适合装运百货和杂品。普通栏板式货车根据车帮的高低不同又可分为平板货车、低护栏货车和高护栏货车三种类型。

2. 厢式货车

厢式货车又叫厢式车，主要用于全密封运输各种物品，特殊种类的厢式货车还可以运输化学危险物品，如图2.2所示。由于厢式货车结构简单、运力利用率高、适应性强，所以是物流领域应用前景最广泛的货车。

图 2.2　厢式货车

厢式货车的主要特点是其车厢是全封闭的，便于装卸作业，能够实现"门到门"运输。封闭式的车厢不仅可以使货物免受风吹日晒和雨淋，还可以防止货物的散失，减少货损，提高运输质量。

小型厢式货车通常兼有滑动式侧门和后开车门，便于装卸物品，而且小巧灵便，能够穿越大街小巷，把物品直接送达收货人。小型厢式车适用于运送运距较短、批量较小、对作业时间要求高的物品。尤其是在运送各种家用电器、纺织品等轻工业产品，以及常见的快递包裹产品时，小型厢式货车是物流公司的理想选择。

3. 飞翼车

飞翼车，又称翼展车、两翼车、自动翼展车，采用液压系统、自动断电系统，使用方便，如图 2.3 所示。

图 2.3 飞翼车

飞翼车是普通厢式货车的改进版，通过手动装置或液压装置，能开启车厢两侧翼板的专用车辆，具有装卸速度快、效率高、可侧面装卸等优点，近年来，由于大量轻质新材料应用于翼展车系列，使得车厢自重降低，加之车厢设计美观，货物运输安全可靠，其已经是现代物流企业十分青睐的运输工具。

飞翼车两翼侧板可升降、开启 90 度角，使两侧部位完全敞开，极大地方便装卸货物，双后门也可开启 270 度角。飞翼车设计独特、结构合理，并且有防雨、防尘、防晒、防盗、耐腐蚀等优点。飞翼车主要用于汽车配件、纸张、家电、衣物、化工、饮料、食品等物品的运输和配送。

4. 仓栅式货车

仓栅式货车（见图 2.4）主要用于仓栅式专用货物运输，仓栅式货车后车厢外观设计追求美观的同时，内部结构、车厢钢材的选材都采用合理的工艺，严格按照国际标准焊接。车厢板采用工装夹具压制成瓦楞形，强度韧性高，同时使自重更轻，仓栅车厢栏杆可升降、半拆、全拆，实用方便且安全可靠。针对客户需求制作的适用于各类行业运输的车辆适合广大用户的长中短途公路运输使用，也可当作普通载货汽车使用。仓栅式货车载货种类繁多，其中以蔬菜水果、牲畜为主。

图 2.4 仓栅式货车

（二）专用货车

从运输功能角度来讲，普通货车虽然具有应用领域的普遍适用性，但是在很多情况下，尤其是当货物的性质和物理状态与一般货物存在比较大的差异时，如易燃易爆、易腐蚀、易变质的货物，普通货车就很难满足这类货物的运输要求，因此必须使用专用货车才能更加有效地发挥汽车运输的经济效益和专用功能。

专用货车主要包括带有液压卸车结构的自卸车、罐式货车、冷藏车等。多样化的专用车辆推进物流基础设施的合理空间布局与功能完善，提高各种运输服务方式对物流基础设施的支持能力。

1. 自卸车

自卸车又称翻斗车，是指通过液压或机械举升而自行卸载货物的车辆，如图 2.5 所示，由汽车底盘、液压举升机构、货厢和取力装置等部件组成。

图 2.5 自卸车

自卸车的车厢分后向倾翻和侧向倾翻两种，通过操纵系统控制活塞杆运动，推动活塞杆使车厢倾翻，后向倾翻较普遍，只有少数自卸车为双向倾翻。这种货车动力大，通过能力强，可以自动后翻或侧翻，物品可以凭借本身的重力自行卸下。一般用于煤和矿石的运输，物流公司通常不会使用这种货车。

自卸车在土木工程中经常与挖掘机、装载机、带式输送机等工程机械联合作业，构成装、运、卸生产线，进行土方、砂石、散料的装卸运输工作。

由于装载车厢能自动倾翻一定角度卸料，这大大节省了卸料时间和劳动力，可以缩短运输周期、提高生产效率、降低运输成本，是常用的运输专用车辆。

2．罐式货车

罐式货车是指车辆载货车厢为封闭罐体的载货汽车，简称罐车，如图 2.6 所示。罐式货车专门用于装运散装的液体、粉末、气体、颗粒状等具有一定流动性质的货物。目前，罐式货车主要在运油、环卫、公路建设、危险货物等领域比较常见，如加油车、洒水车、沥青运输工程车、危险运输车等。

图 2.6　罐式货车

3．冷藏车

冷藏车是用来运输冷冻或保鲜的货物的封闭式厢式运输车，是装有制冷机组的制冷装置和聚氨酯隔热厢的冷藏专用运输汽车，常用于运输冷冻食品（冷冻车）、奶制品（奶品运输车）、蔬菜水果（鲜货运输车）、疫苗药品（疫苗运输车）等，如图 2.7 所示。

图 2.7　冷藏车

冷藏车由专用汽车底盘与隔热保温厢体（一般由聚氨酯材料、玻璃钢组成）、制冷机组、车厢内温度记录仪等部件组成。密封性冷藏车的货柜需要保证严格的密封来减少与外界的热量交换，以保证冷藏柜内保持较低温度。冷藏车具有制冷性、轻便性、隔热性三个特点。

冷藏车的制冷方式有多种，以下 6 种是其较常见的制冷方式。

（1）水冰及盐冰制冷。在大气压力下，冰的熔点为 0℃，添加盐类可降低其熔点。在一定范围内，水冰中盐的成分越多，熔点越低。实验证明，当加入食盐的质量为水冰质量的 29% 时，其混合物的熔点可达到最低值−21.2℃；若再增加盐分，则熔点不再下降。通常是根据冷藏货物的运输适温来选择不同成分的盐冰。例如，采用含盐量为 22% 的盐冰，车厢内温度可保持在−18~−13℃。水冰制冷装置投资少、运行费用低，但是普通水（盐）

冰单位质量的吸热量较小，车厢内降温有限。此外，盐冰融化后会污染环境、食品，腐蚀车厢且使货物受潮，因此水（盐）冰制冷主要用于鱼类等水产品的冷藏运输。

（2）干冰制冷。在大气压力下，干冰（固态 CO_2）的升华温度低（-78.9℃），升华吸热量大，故将其作为车厢冷源，不仅可以获得较低的温度（一般低于-20℃），而且可获得较大的制冷量。因此，该制冷方式适于冷冻食品的运输。干冰制冷装置简单、投资和运行费用较低、使用方便、货物不会受潮。干冰升华产生的 CO_2 气体能抑制微生物繁殖、减缓脂肪氧化及削弱水果蔬菜的呼吸。但是，干冰升华易引起结霜；CO_2 气体过多则将导致水果、蔬菜等冷藏物呼吸困难而坏死；厢内温度难调；干冰成本较高，而且消耗量较大，故实际应用较少。

（3）冷板制冷。冷板制冷的原理就是利用蓄冷剂冷冻后所蓄存的冷量进行制冷。运输前将厢内冷板中的蓄冷剂进行"充冷"，使其冷却冻结，然后在运输途中利用冷板中的蓄冷剂融化吸热，使厢内温度保持在运输货物的适温范围内，故冷板又称"蓄冷板"。冷板制冷装置的结构分为整体式和分体式。整体式的动力装置、制冷机组和蓄冷板等，均置于车上；分体式在车上仅装有制冷机组和蓄冷板，停车时利用地固动力装置驱动制冷机组对蓄冷板"充冷"。实际应用中多采用后者。常用的蓄冷剂均为低熔点共晶溶液，其熔点通常比厢内适温低10℃左右。当运输货物的适温改变时，则所选用的共晶溶液成分也要随之改变。

冷板装置本身较重、体积较大，占据了车厢的一定容积，而且冷板"充冷"一次仅可持续工作 8~15 小时。因此冷板制冷适于中、轻型冷藏汽车的中、短途运输。近年来，随着能源和环境污染问题的日益突出，冷板制冷的应用发展较快，已成为仅次于机械制冷的制冷方式。

（4）液氮制冷。液氮制冷就是利用液氮汽化吸热进行制冷。在大气压力下，液氮的沸点为-196℃，汽化潜热为200kJ/kg。每千克液氮汽化并升温至-20℃时，所吸收的热量约为385kJ，液氮沸点低，而且是制氧的副产品，因而得到了较广泛的应用。

液氮制冷装置结构简单，工作可靠，无噪声和污染；液氮制冷量大、制冷迅速，适于速冻。液氮汽化不会使厢内受潮，并且氮气对食品保鲜、防止干耗均有好处。此外，液氮制冷控温精确（±2℃）。但是液氮成本较高，须经常充注，因而推广受到一定限制。同理，其他低温汽化的液态气体亦可作为制冷剂，如液态二氮化碳（CN_2）。

（5）机械制冷。机械制冷方式有蒸汽压缩式、吸收式、蒸汽喷射等。

目前以蒸汽压缩式应用最为广泛。下面介绍其制冷的工作原理。在大气压力下，液体达到某一温度（沸点）就会沸腾。液体在沸腾时，吸收汽化潜热而产生相变，转变为饱和蒸汽。在同一压力下，不同液体的沸点和汽化潜热是不同的，如在大气压力下，水的沸点为100℃，汽化潜热为2 256.7kJ/kg，而氟利昂12（R12）的沸点为-29.8℃，汽化潜热为 165kJ/kg。凡用于沸腾制冷的液体均称为制冷剂或制冷工质。在制冷技术中，制冷剂的沸腾称为"蒸发"，其沸点称为"蒸发温度"，沸腾制冷则称为"蒸发制冷"。

机械制冷装置被广泛采用的主要原因在于制冷机组既能制冷又能加热，扩大了使用范围；厢内温度可实现自控调节，调温精确、可靠，调温范围较宽，能适应各种不同冷藏货物的运输。尽管机械制冷装置存在结构比较复杂、购置及运行费用较高、运转噪声较大等问题，但迄今为止，机械制冷仍为一种可靠、有效的制冷方式。

（6）太阳能制冷。太阳能制冷可以通过太阳能光电转换制冷和光热转换制冷两种途径来实现。太阳能光电转换制冷是通过太阳能电池将太阳能转换成热能，再用电能驱动常规的制冷压缩机来实现的。太阳能光热转换制冷是将太阳能转换成热能（或机械能），再利用热能作为外界的补偿，使系统达到并维持所需的低温。对于相同制冷功率，太阳能光电转换制冷系统的成本要比太阳能光热转换制冷系统的成本高出许多倍。

4. 牵引车

牵引车按照业内习惯称为拖车。牵引车就是车头和车厢之间是用工具牵引的一般的大型货车或半挂车，也就是该车车头可以脱离原来的车厢而牵引其他的车厢，而车厢也可以脱离原车头被其他的车头所牵引，如图 2.8 所示。前面有驱动能力的车头为牵引车，后面没有牵引驱动能力的车为挂车，挂车是被牵引车拖着走的。

图 2.8　牵引车

牵引车的优点十分明显，主要有以下几点。

（1）防滑。防止车辆在雪地等湿滑路面上行驶时驱动轮空转，使车辆能平稳地起步、加速。尤其是在雪地或泥泞的路面上，牵引力控制系统均能保证流畅的加速性能，防止车辆因驱动轮打滑而发生横移或甩尾。

（2）灵活。在牵引汽车时使汽车列车具有较好的机动灵活性。

（3）工作可靠。保证牵引汽车与挂车连接可靠且可以方便、迅速地解挂。

（4）平稳。牵引力能平稳地传给挂车，对冲击载荷有一定的缓冲作用。

5. 挂车

挂车是指由汽车牵引而本身无动力驱动装置的车辆，是一辆汽车与一辆或一辆以上挂车的组合。载货汽车和牵引汽车为汽车列车的驱动车节，称为主车，被主车牵引的从动车节称为挂车。

它是公路运输的重要车种，采用汽车列车运输是提高经济效益最有效且简单的重要手段。挂车具有迅速、机动、灵活、安全等优势，可实现区段运输。

（1）按承重方式或与牵引汽车的连接方式，挂车可以分为半挂车和全挂车。

如果挂车前面一半搭在牵引车后段上面的牵引鞍座上，牵引车后面的桥承受挂车的一部分重量，这就是半挂车，如图 2.9 所示。

图 2.9　半挂车

挂车前端连在牵引车的后端，牵引车只提供向前的拉力，拖着挂车走，但不承受挂车的向下的重量，这就是全挂车，如图 2.10 所示。通常全挂车也简称挂车，其特点是本身无动力，独立承载。

图 2.10　全挂车

半挂车行驶稳定性和追随性良好，优于全挂车。

全挂车和半挂车有什么区别呢？

①支撑方式不同。全挂车可以独立支撑站稳，而半挂车必须靠前面的支腿才能站住。

②载重方式不同。全挂车可独立支撑站稳，全车的荷载由挂车自身全部承担，与主车仅用挂钩连接，牵引车不需要承担挂车荷载，只是提供动力，实现对全挂车的牵引与转向。典型的全挂车一般由车架、货台（上装）、牵引杆（架）（带挂环）、转向装置、悬架、车轮、制动系统、信号系统等组成。目前全挂车主要用于码头、工厂、港口等场区内运输。

半挂车无法独立支撑站稳，与牵引车共同承载货物重量。半挂车是最为常用，也是最为常见的一种挂车。半挂车的种类很多，有平板式、鹅颈式、凹梁式及各类专用半挂车，几乎覆盖了目前比较常用的车型。因半挂车应用灵活、承载力大，特别适合长途、高等级公路运输，故其已成为公路运输车中最主要的运输工具。

全挂车在我国最盛行的时期是 20 世纪 70 至 90 年代。当时汽车产量小，车速也很低，道路不发达，对牵引车无特别要求，全挂车甩挂方便，制造成本低，在道路和技术条件等多方面因素的综合影响下，得到了广泛应用。我国有很多挂车生产厂，目前的很多改装厂都是从生产挂车开始的。

然而随着我国汽车工业发展和高速公路的普及，传统全挂车在高速行驶时制动甩尾、高速直线行驶性能差等安全问题暴露出来。于是，我国对全挂车的使用进行了限制。1995年施行的《高速公路交通管理办法》首次规定全挂牵引车不得进入高速公路；而且 GB/T

15089—1994《机动车辆分类》（后被 GB/T 15089—2001 替代）将挂车归为 O 类，包含半挂车、全挂车和中置轴挂车，但在国家职能部门对 O 类产品实行目录管理时，只接受其中的半挂车，其他则被拒之门外，无法拿到"准生证"。在上述情况下，全挂车的生产逐渐萎缩，技术提升缓慢，目前仅限于个别地区和特殊环境，如煤炭、粮食运输等。

（2）按组织形式，挂车运输可以分为定挂运输与甩挂运输。

定挂运输是指牵引车与挂车固定组合在一起，无论是装卸还是运输环节都不予分离的一种方式，这样的组织形式相当于将挂车变成栏板车进行使用。

真正发挥挂车优势的方式是甩挂运输，就是当配送车将满载的集装箱送到目的地时，车头与集装箱可以分离，车头再将满载的另一个集装箱运回，从而减少配送车返程的空载率，并且最大限度地节约等候装卸的时间。

甩挂运输，这一被称为公路干线运输"终结者"的运输方式，早已成为欧美和日本等发达国家和地区的主流运输方式。由于其显现出来的降低成本、提高效率的优势，以及对节能减排、建设资源节约型与环境友好型社会的重大意义，中国现代物流发展也越来越青睐甩挂运输这一新模式。

（3）半挂车分类。

①栏板式半挂车。栏板式半挂车兼有栏板式普通货车和挂车的优点，与平板式的半挂车相比多了一个车帮，加强了对货物的保护。

②集装箱半挂车。集装箱半挂车根据挂车结构不同分为平板式和骨架式。目前应用较多的是平板式半挂车。平板式半挂车四周没有车帮，适合装载集装箱。根据集装箱规格的不同，其又可细分为 20 英尺（3.2808 英尺=1 米）、40 英尺、45 英尺、48 英尺和 53 英尺型集装箱半挂车。

③厢式半挂车。厢式半挂车同时具备厢式货车和半挂车的特点，既能封闭遮雨，又能像挂车一样单独装卸货。

④罐式半挂车。罐式半挂车同时具备罐式车和半挂车的特点，适合装载气体、液体、浆状固体等货物，同时能像挂车一样单独装卸货。

⑤自卸式半挂车。自卸式半挂车同时具备自卸车和半挂车的特点，能够通过倾斜车身完成卸货。

⑥仓栅式半挂车。仓栅式半挂车既具备了仓栅车的特点，又具备了半挂车的特点。它能通风散热，还能采用甩挂运输的方式，单独装卸货，节约装卸时间。

（三）特种货车

特种货车主要有大件运输车、车辆运输车、除尘车、垃圾车等。

1. 大件运输车

大件运输车专门提供超长、超宽、超高的车辆运输服务，如图 2.11 所示。

2. 车辆运输车

车辆运输车可装运微型客车和轿车，有的可装运大型车辆，如图 2.12 所示。

3. 除尘车

除尘车有多种叫法，如高空抑尘车、煤矿抑尘车、固化剂喷洒车等。除尘车主要由二类汽车底盘、水罐、喷洒系统、液压系统、电控系统等部件组件，如图 2.13 所示。

图 2.11 大件运输车

图 2.12 车辆运输车

图 2.13 除尘车

4. 垃圾车

垃圾车一般是指专门用于市政环卫部门运送各种垃圾的一种专用车辆,如图 2.14 所示。

图 2.14 垃圾车

垃圾车主要运载生活垃圾,也可运输灰、砂、石、土等散装建筑材料,还可以在矿山或煤矿中运送矿石或煤。

常见的垃圾车种类有压缩式垃圾车、自卸式垃圾车、摆臂式垃圾车、拉臂式垃圾车、勾臂式垃圾车、密封式垃圾车、挂桶式垃圾车。新型垃圾车具有质量可靠、故障率低、维护方便、运行费用低等特点。

第二节　铁路运输设施与设备

Section 2　Railway Transport Facilities and Equipment

铁路运输是利用机车、车辆等技术装备沿铺设轨道运行，运送旅客和货物的一种运输方式。

铁路运输设施包括铁路线路设施、铁路车站设施、铁路通信信号设施。铁路货物运输种类即铁路货物运输方式，按中国铁路技术条件，现行的铁路货物运输种类分为整车、零担、集装箱三种。整车适合运输大宗货物；零担适合运输小批量的零星货物；集装箱适合运输精密、贵重、易损的货物。

铁路运输设备主要是铁路运输车辆。

一、铁路线路与轨道设施

铁路运输是一种陆上运输方式，以机车牵引列车车辆在两条平行的铁轨上行驶。传统方式是钢轮行进，但广义的铁路运输还包括磁悬浮列车、缆车、索道等非钢轮行进的方式，或称轨道运输。铁轨能提供极光滑、坚硬的媒介，让列车车轮在上面以最小的摩擦力滚动，使乘客感到舒适，而且节省能量。如果配置得当，铁路运输可以比公路运输运载同一重量物时节省 50%~70%的能量。而且，铁轨能平均分散列车的重量，使列车的载重能力大大提高。

1975 年制定的《中国铁路工程技术规范》规定，中国铁路分为 3 级。其中 I 级铁路是在全国铁路网中起骨干作用的铁路；II 级铁路是在全国铁路网中起联络、辅助作用的铁路；III 级铁路是为某一地区服务的铁路。

高铁时代的铁路等级很复杂，有路网等级、时速等级、客货等级等不同角度的分级。高铁级高于国铁 I 级，国铁 I 级有的是快速铁路，有的是普通铁路。

1876 年，中国土地上出现了第一条铁路，是由英国的怡和洋行修建的吴淞铁路。凭借英国工程师的几份设计图纸，当时的矿场工人采用起重锅炉和竖井架的槽铁等旧材料，试制成功了第一台火车。五年后，在清政府"洋务派"的主持下，于 1881 年开始修建唐山至胥各庄的铁路，从而揭开了中国自主修建铁路的序幕。到民国初期，中国铁路运营里程已经达到 9 000 千米。到 1949 年中华人民共和国成立前夕，中国铁路里程达到 2.18 万千米。到 2003 年年底，我国铁路营业里程为 7.3 万千米。2020 年末，我国铁路营业里程达到 14.63 万千米，其中高铁为 3.8 万千米。

铁路由路基、桥隧建筑、轨道三部分组成。

（一）路基

铁路路基是为满足轨道铺设和运营条件而修建的土工构筑物，路基必须保证轨顶标高，并且与桥梁、隧道连接，组成完整贯通的铁路线路。

铁路路基是承受并传递轨道重力及列车动态作用的结构，是轨道的基础，是保证列车运行的重要建筑物。路基是一种土石结构，处于各种地形、地貌、地质、水文和气候环境中，有时还会遭受各种灾害，如洪水、泥石流、崩塌、地震等的影响。

（二）桥隧建筑

桥隧建筑是桥梁、隧道、涵洞、明渠、天桥、地道、跨线桥、调节河流建筑物等的总称。桥隧建筑对保持线路平坦至关重要，遇到低洼处架设桥梁或凿洞，遇到山峰开挖隧道。

（三）轨道

铁路轨道，简称路轨、铁轨、轨道等。其用于铁路上，并且与转辙器合作，使火车不需要转向便能行驶。

轨道通常由两条平行的钢轨组成。钢轨固定放在轨枕上，轨枕之下为道砟。以钢铁制成的路轨，可以比其他物料承受更大的重量。轨枕亦称枕木，其功能是把钢轨的重量均衡分布并保持路轨固定，维持路轨的轨距。一般而言，轨道的底部为石砾铺成的道砟。道砟亦称路砟、碎石或道床，为轨道提供弹性及排水支持。轨道也可以铺在混凝土筑成的基座上（在桥上相当常见），甚至嵌在混凝土里面。

轨道是由钢轨、轨枕、联接零件、道床、防爬设备、道岔组成的。

铁路轨道按照轨距，可以分为标准轨、宽轨和窄轨三种。

1. 标准轨

标准轨是指国际铁路协会在 1937 年制定的 1 435 毫米标准轨距，全球大约 60%的铁路的轨距是标准轨。我国也主要采用标准轨。

标准轨由最先使用铁路的英国提出。设计及建造史托顿及达灵顿铁路的英国工程师罗拔·斯蒂芬森提出 1 435 毫米的轨距，并且成功说服火车制造商生产 1 435 毫米轨距的机车及车辆。由于斯蒂芬森成功设计的铁路是众人模仿的对象，亦使这个轨距变得流行。1845 年英国皇家专员建议将 1 435 毫米作为标准轨距。1846 年英国国会通过法案，要求将来所有的铁路都使用标准轨。除了英国的大西部铁路（Great Western Railway）使用宽轨，英国的主要铁路都是标准轨。大西部铁路亦于 1892 年改成标准轨。

2. 宽轨

宽轨，铁路运输行业术语，特指轨距（铁轨宽度）大于标准轨距 1 435 毫米的铁路轨道。

比如，俄罗斯宽轨是 1 524 毫米，葡萄牙的宽轨是 1 665 毫米，等等。

3. 窄轨

窄轨泛指轨距小于 1 435 毫米（标准轨距）的铁轨，包括米轨和寸轨，并且历史上至少有 13 种尺寸，其中，最为常见的是 1 067 毫米和 762 毫米。

窄轨主要用于长期运载矿资源的专用线路，或者一些人员不太密集的车站。全球主要使用窄轨的国家有日本、印度尼西亚、印度，以及非洲、中美洲的一些国家。

二、铁路站场与货场

（一）铁路站场

铁路站场是指以车站为中心，以上行线和下行线的信号机为两个端点的工作范围。

到发场、旅客候车厅、调车场、咽喉区、维修区、检修区等，以及牵出线、机车走行线等都包括在站场内。

（二）铁路货场

铁路货场是指铁路货运站办理货物承运、保管、装卸和交付作业的一个生产车间，也是铁路货物运输与其他货物运输工具衔接的场所。

货场是铁路货物运输生产过程的起始、中转和终止的地点，与国民经济各部门直接发生联系，是铁路货物运输的主要环节。

1. 铁路货场的基本功能

（1）货运信息处理功能。能够对各种货运作业中产生的信息进行实时采集、分析、传递，并且向货主提供各种作业明细信息及咨询信息。

（2）装卸搬运功能。配备专业化的装载、卸载、提升、运送、码垛等装卸搬运机械。

（3）运输生产功能。具体组织铁路运输内部的生产，力求在规定的时间内将客户的商品运抵目的地。

（4）储存功能。运用仓储设施，通过仓储环节保证内部生产和托运方临时存放的要求，尽可能加快货位周转，减少储存成本。

随着货场企业化经营步伐的加快，货场的功能必将进一步扩展，其功能扩展的目的在于进一步增强货场的服务功能，实现物流增值，以提高铁路货场在运输市场的竞争力。

2. 铁路货场的分类

（1）按办理货物运输的种类分。

整车货场，是指仅办理整车货物作业的货场。

零担货场，是指仅办理零担货物作业的货场，又可分为零担到发货场、零担中转货场及零担到发和中转货场。

集装箱货场，是指仅办理集装箱货物作业的货场。

混合货场，是指办理整车、零担和集装箱中两种以上货运作业的货场。

（2）按办理的货物品类分。

综合性货场，是指办理多种品类货物作业的货场，这种货场一般都布置在铁路枢纽内及铁路沿线各站上，为各级城镇的工矿企业和人民生活服务。

专业性货场，是指办理单一品类货物作业的货场，如专门办理危险货物、煤、木材、砂石等的货场。

（3）按货运量的大小分。

综合性货场，年运量在100万吨及以上者为大型货场；年运量在30万～100万吨者为中型货场；年运量在30万吨以下者为小型货场。一般位于大、中城市及工业区的车站货场的运量都较大，多为大中型货场，而中间站货场多为小型货场。

专业性货场按货运量的划分比较复杂，尚无统一的标准。如装煤、木材或砂石的专业性货场，一般都是整列装卸，虽然运量较大，但货场设备和管理都比较单一。而办理危险货物的专业性货场，往往货运量不大，但是由于危险货物种类很多，性质各异，其设备和管理都比较复杂。

（4）按配置图分。

尽头式货场，是指由尽头式装卸线组成的货场。

通过式货场，是指由通过式装卸线组成的货场。

混合式货场，是指由尽头式装卸线和通过式装卸线共同组成的货场。

在货运量较大、办理货物品类较多的车站，为避免作业过分集中和便于管理，可分设几个货场，这些货场可按货物运输种类、货物品类或货流方向进行合理分工。

3. 铁路货场的主要设备

为了完成各项货运作业，货场内应设置以下设备。

（1）配线，包括装卸线、存车线、牵出线、轨道衡线等。

（2）场库设备，包括堆货场、货物站台、仓库、货棚、装卸机械及检修设备等。

（3）检斤设备，包括磅秤、汽车衡（地磅）、轨道衡、电子秤等。

（4）货场用具，包括装卸作业和保管货物所需的各种用具，如跳板、防湿枕木、防湿篷布等。

（5）房舍，包括货运室、装卸工人休息室、装卸机械修理所、门卫室及其他生产生活用房，大中型货场还应设置围墙，在货场内应设置照明设备、通信设备、消防设备及电子计算机、工业电视等现代化设备。对于办理冷藏车加冰作业的货场应设有加冰所，并且配有制冰、储冰、加冰及加盐的设备。装卸牲畜较多的货场应设有牲畜装卸及饮水设备。一些货场还应设有货车洗刷及除污设备。

三、铁路信号与信号设施

（一）铁路信号的概念

铁路信号是指以标志物、灯具、仪表和音响等向铁路行车人员传送机车车辆运行条件、行车设备状态和行车有关指示的技术与设备，其作用是保证机车车辆安全有序地进行行车与调车作业。

铁路信号随着第一列列车在英国的出现而出现。早期的铁路信号是十分简陋的。现代的铁路信号借助电子工业的发展，使行车指挥系统实现了自动化，列车运行也向着自动驾驶与自动控制的方向发展。中国于1907年在大连至长春的铁路上开始安装了臂板式信号机，1951年自行设计与制造的进路继电式集中联锁设备装在衡阳铁路车站。此后，在各铁路线上逐步配置了自动闭塞、集中联锁、调度集中控制等设备。

在车站，列车在站内行驶或进行调车作业时，其走行的路径称为进路，而进路是由道岔的位置来决定的。用道岔开通位置的不同，可以排出不同的进路，就有可能使列车、车列进入异线或发生脱轨的危险。因此，必须采用信号设备使道岔、进路、信号机三者之间产生一种相互制约的联锁关系，保证车站内的行车及调车作业安全并提高运输效率。

在区间，由于列车高速运行具有巨大的惯性，遇到险情时不能立即停住，并且从实施制动到完全停住要走行一段相当长的"制动距离"，这样就有可能造成列车正面冲突或追尾事故。因此，必须采用信号设备，保证列车在区间按一定的空间间隔运行，以确保区间行车安全并提高运输效率。

铁路信号有广义的和狭义的两种含义。

广义的铁路信号是在铁路运输系统中，为保证行车安全、提高区间和车站通过能力及解编能力的手动控制、自动控制及远程控制技术的总称，它包括车站信号、区间信号、道口信号、驼峰信号等。

狭义的铁路信号是在行车、调车工作中，用特定物体（包括信号灯、仪表、音响设备）的颜色、形状、位置和声音等向铁路司机传达有关前方路况、机车车辆运行条件、行车设备状态及行车命令等信息的装置或设备。

（二）铁路信号的分类

1. 铁路信号按感官接受方式分为视觉信号、听觉信号

（1）视觉信号。视觉信号是以物体或灯光的颜色、形状、位置、数目或数码显示等特征表达的信号，如用信号机、机车信号、信号旗、信号灯、信号牌、信号表示器、信号标志及火炬等显示的信号都是视觉信号。

（2）听觉信号。听觉信号是以不同器具发出音响的强度、频率和音响的长短等表达的信号，如用号角、口笛、响墩发出的音响及机车、轨道车鸣笛等发出的信号，都是听觉信号。

2. 铁路信号按使用时间分为昼间信号、夜间信号、昼夜通用信号

昼间信号的使用时机是从日出到日落，夜间信号的使用时机是从日落到日出。在昼间遇降雾、暴风雨雪等情况，昼间信号达不到规定的显示距离时，应使用夜间信号。隧道内光线较暗，采用昼间信号不易瞭望，故隧道内只采用夜间或昼夜通用信号。

3. 铁路信号按设置方式分为固定信号、移动信号

固定信号的设置地点是固定不变的，如信号机、信号表示器等。

移动信号随着作业地点或作业人员位置的变化而变化，如手信号旗（灯）、临时防护信号、火炬等。

（三）铁路三种信号颜色

基本颜色有红色、黄色和绿色三种，其基本含义如下：

（1）红色——停车。

（2）黄色——注意或减速运行。

（3）绿色——按规定速度运行。

辅助颜色主要有月白色、蓝色、透明白色、紫色。月白色和蓝色主要用于调车信号，分别表示允许调车和禁止调车。透明白色用于信号表示器，紫色仅用于道岔表示器。

（四）铁路信号设施

一是信号机，其原始形式是手灯、手旗、明火、声笛等，现代信号机主要有进出站信号机、通过信号机、进路信号机、驼峰信号机、调车信号机、防护信号机、减速信号机和停车信号机等，以及其他复示信号机等辅助性信号机。

二是标志，主要有预告标、站界标、警冲标、鸣笛标、作业标、减速地点标及机车停止位置标等。

三是表示器，其作用是补充说明信号的意义，主要有发车表示器、发车线路表示器、进路表示器、调车表示器、道岔表示器等。

四、铁路机车与车辆

机车俗称火车头，是牵引或推送铁路车辆运行，而本身不装载营业载荷的车辆。

机车是利用蒸汽机、柴油机、牵引电动机或其他动力机械产生动力的，并且通过机车传动装置驱动轮，借助驱动轮和钢轨之间一定的粘着力而产生推动力即机车牵引力。机车产生的牵引力克服列车阻力，可拖动比它自身重量大 10 倍或 20 倍以上的车列。通过列车牵引计算，可求得某一机车能牵引车列的总重量。要提高机车牵引力，就要相应地增加机车粘着重量（机车所有动轮作用于轨道上的重量）。然而决定粘着重量的机车轴重（一根动轴上的两个动轮垂直作用于轨道上的重量）是有限度的。如果超过轴重限度，就要增加轴数。因此，轴数是机车的重要参数，由各种轴数组成的车轴排列式可以表征机车的性能和用途。

机车或列车在轨道上运行，必须能随时减速或停止运行，所以在机车和铁路车辆上都装有制动装置，由司机操纵。此外，还可以利用机车动力装置、传动装置或牵引电动机的逆动作所产生的阻滞作用辅助制动装置工作。

当机车或列车运行时，车轮压在轨道上滚动，而车轮和轨道都是弹性体，都会产生弹性变形，不可能有真正的圆形和平直的线或面。每辆车在运动中的速度不完全一致，车钩缓冲装置动作也不一致，机车车辆在运动中产生不平衡力，制动时产生不同的制动力，以及列车通过曲线线路等复杂因素，加上外界气流紊动的影响，都会使机车或列车产生垂向、横向和纵向振动。因此，产生的机车车辆纵向动力，对机车车辆车架、车体和车钩的缓冲装置都有影响。在列车和轨道之间产生的轮轨相互作用的力，会影响转向架、轮对和钢轨的使用寿命。

在陆地运输工具中按运送每吨千米消耗的燃料量计，机车消耗能源较少。机车的费用却在铁路运营费用中占较大比重。为了发挥机车的最大经济效益，各国铁路企业都制定了机车运营管理和机车检修的制度。

铁路机车是铁路运输的基本动力。由于铁路车辆大都不具备动力装置，列车的运行和车辆在车站内有目的的移动均需要机车牵引或推送。机车通常可分为通用机车和专用机车；按牵引动力来划分，有蒸汽机车、内燃机车和电力机车。

（一）通用机车

1. 敞车

所谓敞车，是指具有端壁、侧壁、地板而无车顶，向上敞开的货车，如图 2.15 所示。主要用来运送煤炭、矿石、矿建物资、木材、钢材等大宗货物，也可用来运送重量不大的机械设备。

若在所装运的货物上加盖防水帆布或其他遮篷物后，其可代替棚车承运怕雨淋的货物。因此敞车具有很大的通用性，在货车组成中数量最多。目前全国共有敞车约 30 万辆，约占货车总数的 50% 以上。其车型代码为 C，主型通用敞车有 C50、C65、C62、C62A、C61 等。

图 2.15　敞车

2．棚车

棚车是铁路货车中的通用车辆，如图 2.16 所示，用于运送怕日晒、雨淋的货物，包括各种粮谷，日用工业品及贵重仪器设备等。

图 2.16　棚车

一部分棚车还可以运送人员和马匹。其车型代码为 P，常见的棚车有 P60、P61、P62、P63、P64 等。

3．平车

平车主要用于运送钢材、木材、汽车、机械设备等体积或重量较大的货物，也可借助集装箱运送其他货物。

平车还能适应国防需要，装载各种军用装备。装有活动墙板的平车也可用来装运矿石、沙土、石渣等散粒货物。中国铁路的平车约占货车总数的 12%。平车因没有固定的侧壁和端壁，故作用在车上的垂直载荷和纵向载荷完全由底架的各梁承担，是典型的底架承载结构。中国自行设计和制造了多种平车，从结构上分，平车主要有平板式和带活动墙板式两种，车型代码为 N，车型主要有 N12、N60、N16 和 N17 等。

4．集装箱车

铁路集装箱车可分为通用集装箱车和专用集装箱车。通用集装箱车适用多种普通件杂货的运输，以装运贵重、易碎和怕湿货物为主，如家电、仪器、仪表、小型机械、玻璃陶瓷、建材、工艺品、文化体育用品、医药、卷烟、酒、食品、日用品、化工产品、针纺织品、小五金等。

专用集装箱车用于特殊性质的液体、汽车或需要通风、冷藏等货物的运输。

集装箱平车车型代码为 X，常见车型为 X1K、X2H、X2K、X3K、X4K 等。

（二）专用机车

1. 罐车

罐车是车体呈罐形的车辆，用来装运各种液体、液化气体和粉末状货物等，如图 2.17 所示。

图 2.17 罐车

罐车按用途可分轻油类罐车、粘油类罐车、酸碱类罐车、液化气体类罐车和粉状货物罐车；按结构特点可分为有空气包和无空气包罐车，有底架和无底架罐车，上卸式和下卸式罐车等。罐车车型代码为 G，常见的罐车有 G10、G12、G14、G16。

2. 机械冷藏车

机械冷藏车（又叫冷藏车）是运送鱼、肉、鲜果、蔬菜等易腐货物的专用车辆。这些货物在运送过程中需要保持一定的温度、湿度和通风条件，因此机械冷藏车的车体装有隔热材料，车内设有冷却装置、加温装置、测温装置和通风装置等，具有制冷、保温和加温三种性能。机械冷藏车车体外表涂成银灰色，以利阳光反射，减少辐射热。中国自制的机械冷藏车有两大类。常见的机械冷藏车有 B10、B21、B22、B23 等类型。

3. 长大货物车

特长和特重货物无法用一般的铁路货车来装运，必须使用专门的长大货物车。如车辆长度一般在 19 米以上的长大平车；纵向梁中部做成下凹而呈元宝型的凹底平车；底架中央部分做成空心，货物通过支承架坐落在孔内的落下孔车；将车辆制成两节，货物钳夹在两节车之间或通过专门的货物承载架装载在两节车之间的钳夹车等。长大货物车代码为 D，常见车型有 D10、D12、D15、D17 等。

4. 漏斗车

漏斗车是一种端墙向内侧倾斜或者端面呈大圆弧，车体下部装有漏斗的铁路货车，如图 2.18 所示。

漏斗车的货物由上面装入，卸货时用人力或风力开启漏斗底门，货物靠自身重力自动卸出。刚开始，漏斗车不但装运矿石，也装运水泥、粮食等。之后经过合理的细分，将装运水泥的车辆定型为 U 系列，将装运粮食的车辆定型为 L 系列，将原 K 系列定为矿石车。

图 2.18 漏斗车

第三节 水路运输设施与设备

Section 3 Water Transport Facilities and Equipment

一、水路运输概述

水路运输是利用船舶、排筏和其他浮运工具，在江、河、湖泊、人工水道及海洋上运送旅客和货物的一种运输方式。它是我国综合运输体系的重要组成部分，并且正日益显示出巨大的作用。

水路运输至今仍是世界上许多国家最重要的运输方式之一，在国际贸易中承担着主要运输任务。水路运输主要包括内河运输和海洋运输。内河运输是使用船舶在江、河、湖泊等水道进行运输的一种方式，主要使用中小型船舶。海洋运输又分为沿海运输、近洋运输和远洋运输。沿海运输是使用船舶通过附近大陆沿海航道运送客货的一种方式，一般使用中小型船舶。近洋运输是使用船舶通过大陆邻近国家海上航道运送客货的一种方式，视航程情况可使用中型船舶，也可使用小型船舶。远洋运输是使用船舶跨大洋的长途运输方式，主要依靠运量大的大型船舶。

水路运输与其他运输方式相比，具有如下特点。

1. 载运能力大

水路运输载运能力优势十分明显，船舶的载运能力是世界上所有货物运输工具中最大的。与之相比，我国运输最繁忙的铁路线中的大秦铁路，最大开行列车为 2 万吨重载组合列车；京广、京沪、京哈等干线铁路的重载组合为 500~6 500 吨。航空运输中，目前最大的安-225 运输机，机舱最大载重为 250 吨。根据我国相关标准规定，在道路上行驶的汽车、挂车及汽车列车中最大总重限值为 2~49 吨。就水路运输而言，在长江干线航道上，一只拖驳或顶推驳船队的载运能力已超过万吨，国外最大的顶推船队的载运能力已达到 3 万~4 万吨，世界上最大的油船"诺克·耐维斯号"的载运能力达到 56 万吨。

2. 通过能力强

水路运输通过能力的衡量指标为航道通过能力，是指在计算时间内，某一航道控制断面所能通过的最大客货运量、船舶数或船舶总吨位。水运航道四通八达，将世界各地的海洋连接在一起，可选择路线多，可随时改选最有利的航线，除一些海峡和运河外，巨型船舶基本畅通无阻。

3. 运输成本低

水路运输能以最低的单位运输成本提供最大的货运量，尤其在运输大宗货物或散装货物时，采用专用的船舶运输，可以取得更好的技术和经济效果。美国沿海运输成本只有铁路运输的 1/8，美国密西西比河干流的运输成本只有铁路运输的 1/4~1/3。

4. 原始投资少

水路运输只需要利用江河湖海等自然水利资源，除必须投资购买船舶、建设港口外，沿海航道几乎不需要投资，整治航道也只有铁路建设费用的 1/5 ～ 1/3。

5. 航行速度慢

在水路运输中，水流阻力高，风力影响大，因此速度较慢，一般货轮的航速在每小时 15~20 海里。集装箱船装卸速度快，停港时间短，大多采用高航速，航速可达每小时 20 ～ 23 海里。近年来为了节能，集装箱船一般采用经济航速，每小时 18 海里左右。水路运输是所有运输方式中最慢的一种。

6. 受自然条件的限制与影响大

水路运输受海洋与河流的地理分布及其地质、地貌、水文与气象等条件和因素的明显制约与影响，水运航线无法在广大陆地上任意延伸，并且容易受天气情况影响，缺乏灵活性。所以，水运要与铁路、公路和管道运输配合，并且实行联运。

总之，水路运输的综合优势较为突出，适用于运距长、运量大、时间性不太强的各种大宗物资运输。

二、港口设施

（一）港口基本知识

港口是位于海、江、河、湖、水库沿岸，具有水路联运设备及条件供船舶安全进出和停泊的运输枢纽，是水陆交通的集结点和枢纽，工农业产品和外贸进出口物资的集散地，船舶停泊、装卸货物、上下旅客类、补充给养的场所。

1. 按班轮是否固定停靠分

按班轮是否固定停靠，港口可以分为基本港口和非基本港口。

（1）基本港口。基本港口是运价表限定班轮公司的船一般要定期挂靠的港口。基本港口大多数为位于中心的较大口岸，港口设备条件比较好，货载多而稳定。

规定为基本港口就不再限制货量。运往基本港口的货物一般为直达运输，无须中途转船。但有时也因货量太少，船方决定中途转运，由船方自行安排，承担转船费用。按基本港口运费率向货方收取运费，不得加收转船附加费或直航附加费，并且应签发直达提单。

（2）非基本港口。凡是基本港口以外的港口都称为非基本港口。非基本港口除按基本港口收费外，一般还需要加收转船附加费，达到一定货量时则改为加收直航附加费。

例如，新几内亚航线的侯尼阿腊港（HONIARA）便是所罗门群岛的基本港口；而基埃塔港（KIETA）是非基本港口。运往基埃塔港的货物运费率要在侯尼阿腊港运费率的基础上增加转船附加费 43.00 美元/英尺。

2．按用途分类

按用途，港口可以分为商港、军港、渔港、工业港、避风港五种。

（1）商港。商港是指供商船往来停靠、办理客货运输业务的港口，具有停靠船舶、上下客货、供应燃料和修理船舶等所需要的各种设施和条件，是水陆运输的枢纽。

（2）军港。军港是指军队使用的港口，专供海军舰艇使用，供舰艇停泊、补给、修建、避风和获得战斗、技术、后勤等保障，又称海军基地，具备相应的设备和防御设施。

（3）渔港。渔港是指专供渔船和渔业辅助船停泊、使用的港口。渔港可用于船舶傍靠、锚泊、避风、装卸渔获物和补充渔需及生活物资，并且可进行渔获物的冷冻、加工、储运、渔船维修、渔具制造、通信联络及船员休息、娱乐、医疗等。

（4）工业港。工业港是为临近的江、河、湖、海的大型工矿企业直接运输原料、燃料和产品的港口。

（5）避风港。避风港是一种没有装卸设备的港口，其唯一目的是在暴风雨时使船只得到掩护，保证其安全。

3．按位置分类

按所在位置，港口可分为河口港、海港和河港。

（1）河口港。位于河流入海口或受潮汐影响的河口段内，可兼为海船和河船服务。河口港一般有大城市作为依托，水陆交通便利，内河水道往往深入内地广阔的经济腹地，承担大量的货流量，故世界上许多大港口都建在河口附近，如鹿特丹港、伦敦港、纽约港、列宁格勒港、上海港等。河口港的特点是，码头设施沿河岸布置，离海不远且不需要建防波堤，如果岸线长度不够，可增设挖入式港池。

（2）海港。位于海岸、海湾或潟湖内，也有离开海岸建在深水海面上的。位于开敞海面岸边或天然掩护不足的海湾内的港口，通常须修建相当规模的防波堤，如大连港、青岛港、连云港、基隆港、热那亚港等。

（3）河港。位于天然河流或人工运河上的港口，包括湖泊港和水库港。湖泊港和水库港水面宽阔，有时风浪较大，因此同海港有许多相似处，如往往需修建防波堤等。

古比雪夫、齐姆良斯克等大型水库上的港口和我国洪泽湖上的小型港口均属河港。

4．按潮汐的影响分类

按潮汐的影响，港口可以分为开敞港、闭合港、混合港。

（1）开敞港。港内水位潮汐变化与港外相同的港口称为开敞港。

（2）闭合港。在港口入口处设闸，将港内水域与外海隔开，使港内水位不随潮汐变化而升降，保证在低潮时港内仍有足够水深的港口称为闭合港，如伦敦港。

（3）混合港。兼有开敞港和闭合港特性的港口称为混合港，如安特卫普港。

5．按对外政策或国家地位分类

按对外政策或国家地位，港口可以分为国际港、国内港和自由港。

（1）国际港。靠泊来自世界各国船舶的港口称为国际港，如中国的上海港和大连港等，国外的鹿特丹港和伦敦港等均属于此类。

（2）国内港。主要靠泊往来于国内港口的船舶。

（3）自由港。自由港是指不受海关管辖的港口或港区。在该区域内，外国商品可以自由加工、分装、改装、装卸储存、展览、再出口等，不受海关管制，免征关税，但当商品进入所在国海关管辖区时必须缴纳关税。

自由港可以是有明确边界的港口的一部分，或整个港口，或包括港口所在的城市。一些国家或地区设置自由港的主要目的是吸引外资，发展加工工业和仓储业，促进对外贸易和转口贸易的发展，创造就业机会，拉动地区经济。

（二）港口设施设备

港口由水域和陆域两大部分组成。

水域是供船舶进出港，以及在港内运转、锚泊和装卸作业使用的，因此要求它有足够的水深和面积，水面基本平静，流速和缓，以方便船舶的安全操作；陆域是供旅客上下船，以及货物的装卸、堆存和转运使用的，因此陆域必须有适当的高程、岸线长度和纵深，以便在这里安置装卸设备、仓库和堆场、铁路、公路，以及各种必要的生产、生活设施等。

1. 港口水域设施设备

港口水域设施设备通常包括进港航道、锚泊地和港池。

（1）进港航道。进港航道要保证船舶安全方便地进出港口，必须有足够的深度和宽度，适当的位置、方向和弯道曲率半径，避免强烈的横风、横流和严重淤积，尽量降低航道的开辟和维护费用。当港口位于深水岸段，低潮或低水位时天然水深已足够船舶航行需要时，无须人工开挖航道，但要标记出船舶出入港口最安全方便的路线。如果不能满足上述条件并要求船舶随时都能进出港口，则须开挖人工航道。人工航道分单向航道和双向航道。大型船舶的航道宽度为 80～300 米，小型船舶的为 50～60 米。

（2）锚泊地。锚泊地指有天然掩护或人工掩护条件，能抵御强风浪的水域，船舶可在此锚泊、等待靠泊码头或离开港口。如果港口缺乏深水码头泊位，也可在此进行船转船的水上装卸作业。内河驳船船队还可在此进行编、解队和换拖（轮）作业。

（3）港池。港池指直接和港口陆域毗连，是一种供船舶靠离码头、临时停舶和调头的水域。港池按构造形式分，有开敞式港池、封闭式港池和挖入式港池。港池尺度应根据船舶尺度、船舶靠离码头方式、水流和风向的影响及调头水域布置等确定。开敞式港池内不设闸门或船闸，水面随水位变化而升降。封闭式港池内设有闸门或船闸，用以控制水位，适用于潮差较大的地区。挖入式港池在岸地上开挖而成，多用于岸线长度不足且地形条件适宜的地方。

2. 港口陆域设施设备

港口陆域指港口供货物装卸、堆存、转运和旅客集散之用的陆地面积。陆域上有进港陆上通道（铁路、道路、运输管道等）、码头前方装卸作业区和港口后方区。

码头前方装卸作业区供分配货物，布置码头前沿铁路、道路、装卸机械设备和快速周转货物的仓库或堆场（前方库场）及候船大厅等之用。港口后方区供布置港内铁路、道路、较长时间堆存货物的仓库或堆场（后方库场）、港口附属设施（车库、停车场、机具修理车间、工具房、变电站、消防站等），以及行政、服务房屋等。为减少港口陆域面积，港内可不设后方库场。

简单来说，凡是在港口范围的陆地面积，都统称为陆域。

（1）码头与泊位。供船舶停靠，以便旅客上下、货物装卸的水工建筑物称为码头。码头前沿线通常为港口的生产线，也是港口水域和陆域的交接线。

所谓泊位，即供船舶停泊的位置。一个泊位可供一艘船舶停泊。

由于不同船型的长度是不一样的，所以泊位的长度依船型的大小而有差异，同时要留出两船之间的距离，以便于船舶系解绳缆。一个码头往往同时要停泊几艘船，即要有多个泊位，因此码头线长度是由泊位数和每个泊位的长度来决定的。码头前沿的水深一定要满足船舶吃水，并且应考虑船舶装卸和潮汐变化的影响，留有足够富余的水深。

（2）港口仓库和堆场。仓库和堆场供货物装船前和卸船后短期存放使用。

多数较贵重的件杂货都在仓库内堆放保管；只有那些不怕风吹雨淋的货物，如矿石、建材等可放入露天堆场或货棚内，这种散堆装货物的堆场常常远离市区和其他码头，以免污染环境。

（3）铁路及道路。货物在港口的集散除了充分利用水路，主要依靠陆路交通，因此铁路和公路系统是港口陆域上的重要设施。当有大量货物用铁路运输时，需要设置专门的港口车站。在这里，货物列车可以进行编组或解体，并且配有专门的机车，将车辆直接送往码头前沿或库场的装卸线；装卸完毕后由机车取回送往港口车站编组。在没有内河的海港，铁路是主要的疏运方式，港口生产与铁路部门有密不可分的关系，如我国的秦皇岛港、大连港、青岛港等。

（4）起重运输机械。现代港口装卸工作基本是由各式各样的机械来完成的。有的机械主要用来起吊货物，称为起重机械；有的主要用于搬运货物，称为运输机械，二者合称为起重运输机械。

港口机械通常分为起重机械、输送机械、装卸搬运机械、专用机械四大类。

专业化的码头通常都设有专门的装卸搬运机械，如煤炭装船码头设有装船机，散粮卸船码头设有吸粮机，集装箱码头前方设有集装箱装卸桥，后方设有跨运车、重型叉车等。在港口经常见到的比较典型的机械有门式起重机（简称门吊、门机）、浮式起重机（简称起重船、浮吊）、装卸桥、带式输送机、带斗提升机、叉式装卸车（简称叉车、铲车，又称万能装卸机）等。

（5）港口辅助生产设施。为保证各项工作顺利进行，港口还需要在陆域上配备一些辅助设施，如给排水系统，输电、配电系统，燃料供应站，工作船基地，各种办公用房，船舶修理站等。

综上所述，港口的设施是非常庞大且多样的，然而就生产作业来说，大体上可归纳为船舶航行作业、装卸作业、货物存储及集疏运四大部分。船舶航行作业部分包括港内外航道、锚地、港池和船舶回转水域，还有为安全航行的通信、导航设施；装卸作业部分包括码头、水上装卸锚地，以及各种装卸设备；货物存储部分主要包括陆域上的仓库和堆场，以及库场上的机械设备。对于有旅客运输的港口，在陆域上还必须特别注意建设客运站等设施；集疏运部分除了水路主要就是铁路与公路。

三、船舶设备

（一）船舶概述

船舶是各种船只的总称。船舶是能航行或停泊于水域并进行运输等相关作业的交通工具，按不同的使用要求而具有不同的技术性能、装备和结构类型。

另外，民用船一般称为船，军用船称为舰，小型船称为艇或舟，其总称为舰船或船艇。内部主要有容纳空间、支撑结构和排水结构，具有利用外在或自带能源的推进系统。船舶的外型一般为流线性，材料随着科技进步不断更新，早期为木、竹、麻等自然材料，近代多是钢材及铝、玻璃纤维、亚克力和其他各种复合材料。

（二）船舶的构成

按各部分的作用和用途，船舶可分为船体、船舶动力装置、船舶电气三大部分。

船体是船舶的基本部分，可分为主体部分和上层建筑部分。主体部分一般指上甲板以下的部分，它是由船壳（船底及船侧）和上甲板围成的具有特定形状的空心体，是保证船舶具有所需浮力、航海性能和船体强度的关键部分。船体一般用于布置动力装置、装载货物、储存燃油和淡水，以及布置其他各种舱室。

为保障船体强度、提高船舶的抗沉性和布置各种舱室，通常设置若干强固的水密舱壁和内底，在主体内形成一定数量的水密舱，并且根据需要加设中间甲板或平台，将主体水平分隔成若干层。

上层建筑位于上甲板以上，由左、右侧壁，前、后端壁和各层甲板围成，其内部主要用于布置各种用途的舱室，如工作舱室、生活舱室、贮藏舱室、仪器设备舱室等。上层建筑的大小、层楼和型式因船舶用途和尺度而异。

船舶动力装置包括：推进装置，如主机经减速装置、传动轴系以驱动推进器（螺旋桨是主要的型式）；为推进装置的运行服务的辅助机械设备和系统，如燃油泵、滑油泵、冷却水泵、加热器、过滤器、冷却器等；船舶电站，为船舶的甲板机械、机舱内的辅助机械和船上照明等提供电力；其他辅助机械和设备，如锅炉、压气机、船舶各系统的泵、起重机械设备、维修机床等。通常把主机（及锅炉）以外的机械统称为辅机。

船舶电气主要包括常用电器，船舶电力拖动及电力系统，船舶电源及电站的配备等。

在船舶的其他装置和设备中，除推进装置外，还有锚设备与系泊设备，舵设备与操舵装置，救生设备，消防设备，船内外通信设备，照明设备，信号设备，导航设备，起货设备，通风、空调和冷藏设备，海水和生活用淡水系统，压载水系统，液体舱的测深系统和透气系统，舱底水疏干系统，船舶电气设备，其他特殊设备。

（三）船舶的分类

1. 按照国籍分

按照国籍，船舶可以分为国轮和外轮。

国轮是指在国内登记并悬挂本国国旗的船舶，外轮是指在外国登记并悬挂外国国旗的船舶。

2．按照动力分

（1）气垫船。

（2）人力船/畜力船。

（3）帆船。

（4）轮帆船。

（5）轮船。

（6）核动力船。

3．按照用途分

（1）散货船。散装货船的简称，专门用来运输不加包装的散货，如煤炭、矿石、木材、牲畜、谷物等，如图 2.19 所示。

图 2.19　散货船

散装运输谷物、煤、矿砂、盐、水泥等大宗干散货物的船舶，都可以称为干散货船，或简称散货船。因为干散货船的货种单一，不需要包装成捆、成包、成箱的装载运输，不怕挤压，便于装卸，所以都是单甲板船。总载重量在 50 000 吨以上的，一般不装起货设备。由于谷物、煤和矿砂等的积载因数（每吨货物所占的体积）相差很大，所要求的货舱容积的大小、船体的结构、布置和设备等许多方面都有所不同。因此，一般习惯上仅把装载粮食、煤等货物积载因数相近的船舶，称为散装货船；而装载积载因数较小的矿砂等货物的船舶，称为矿砂船。

（2）杂货船。杂货船是以运载成包、成捆、成桶等件杂货为主，也可装运某些散装货的干货船。

船体以上设有 2～3 层甲板，并且设置几个货舱，通常还装备重型吊杆。为提高杂货船对各种货物运输的良好适应性，能载运大件货、集装箱、件杂货及某些散货，现代新建杂货船常设计成多用途船。

（3）液货船。液货船是用于运载散装液态货物的货船的统称，可运输石油、水、植物油、酒、氨水及其他化学液体和液化气体。

液货船主要包括原油船、成品油船、液体化学品船、液化石油气船、液化天然气船等，如图 2.20 所示。

图 2.20 液货船

（4）冷藏船。冷藏船是运送保鲜蔬菜和易腐货物的货船。

冷藏船使鱼、肉、水果、蔬菜等易腐食品处于冻结状态或某种低温条件下进行载运。因受货运批量限制，冷藏船吨位不大，通常为数百吨到数千吨。冷藏船的货舱为冷藏舱，常隔成若干个舱室。每个舱室是一个独立封闭的装货空间。舱壁、舱门均为气密，并且覆盖有泡沫塑料、铝板聚合物等隔热材料，使相邻舱室互不导热，以满足不同货种对温度的不同要求。冷藏舱的上下层甲板之间或甲板和舱底之间的高度较其他货船的小，以防货物堆积过高而压坏下层货物。冷藏船大多以定期班轮方式营运，为防止货物被压坏，常常设置多层甲板，且具有良好的阻热和保湿功能。依冷藏形式的不同，冷藏船又分为冷藏舱船和冷藏集装箱船。

（5）集装箱船。集装箱船是为提高运输效率发展起来的一种专门运输集装箱的货船，如图 2.21 所示。

图 2.21 集装箱船

集装箱船的运货能力通常以装载 20 英尺换算标准箱的箱位表示。第一艘集装箱船是美国于 1957 年用一艘货船改装而成的。由于它装卸效率极高，停港时间大为缩短，并且减少了运输装卸中的货损，因此得到了迅速发展。集装箱船外形狭长，单甲板，上甲板平直，货舱口大，其宽度可达船宽的 70%~80%，甲板和货舱口盖上有系固绑缚设备，以便固定甲板上装载的集装箱，货舱内部装有固定的格栅导架，以便于集装箱的装卸和防止船舶摇摆时箱子移动。

集装箱船可分为全集装箱船和半集装箱船两种，它的结构和形状跟常规货船有明显不同。集装箱船的装卸速度高，停港时间短，大多采用高航速，通常为每小时 20~23 海里。近年来，为了节能一般采用经济航速，每小时 18 海里左右。在沿海短途航行的集装箱船，航速每小时仅 10 海里左右。近年来美国、英国、日本等国进出口的杂货有 70%~90%

使用集装箱船运输。

（6）滚装船。滚装船是一种运载装货车辆或以滚动方式在水平方向装卸的货船，如图 2.22 所示。它改传统的垂直装卸工艺为水平装卸工艺，通过"滚上"或"滚下"来提升装卸速度，降低船舶在港停留时间。

图 2.22　滚装船

滚装船装运的货物主要是汽车和集装箱。这种船本身无须装卸设备，装卸时，在船的尾部、舷侧或首部有跳板放到码头上，汽车或集装箱（装在拖车上的）直接开进或开出船舱，实现货物的装卸。滚装船的上层建筑高大，上层的露天甲板平坦，无起货设备。货舱内设有多层纵通甲板，汽车或拖车可以通过坡道或升降平台进入各层舱内。滚装船对码头要求低，装卸效率高，船速较快，但舱容利用率低，造价高。

（7）载驳船。载驳船俗称子母船，是一种专运货驳的船。其驳船收放方式分为吊运和浮移两种。它具有船舶停港时间短、装卸速度快且不受港口水深限制和码头拥挤影响，有利于江海联运等优点。

载驳船是将货物预先装载在特制的统一的货驳上，由载驳船将货驳运至目的地后，卸至水面，再由拖船拖走，其装卸效率与集装箱船比又有所提高。目前较常用的载驳船主要有"拉希"式和"西比"式两种。

"拉希"式载驳船，又称普通载驳船，是较为常见的一种载驳船。单层甲板、无双层底，舱内为分格结构，每一驳格可堆装四层子驳，甲板上堆装两层。为便于装载驳船，在甲板上沿两舷设置轨道，并且有可沿轨道纵向移动的门式起重机，以便起吊子驳进出货舱。

"西比"式载驳船，又称海蜂式载驳船，是一种双舷、双底、多层甲板船。甲板上沿纵向设运送子驳的轨道，尾部设升降井和升降平台（升降机），起重量可达 2 000 吨。子驳通过尾部升降平台进出母船，而不是用门式起重机吊装进出母船，当子驳被提升至甲板同一水平面后，用小车将驳船滚动运到指定位置停放。

第四节　航空运输、管道运输设施与设备

Section 4　Facilities and Equipment for Air Transport and Pipeline Transport

一、航空运输概述

1. 航空运输的概念

航空运输是使用飞机、直升机及其他航空器运送人员、货物、邮件的一种运输方式，具有快速、机动的特点，是现代旅客运输，尤其是远程旅客运输的重要方式，也是国际贸易中的贵重物品、鲜活货物和精密仪器运输所不可缺的。

在我国运输业中，航空运输货运量占全国运输量比重还比较小，主要是承担长途客运任务，伴随着物流的快速发展，航空运输在货运方面也将扮演重要的角色。

2. 航空运输的特点

航空运输是现代社会生活和经济生活的一个重要组成部分，是目前发展较快的一种运输方式。航空运输的快速发展与其自身的特点相关。与其他运输方式相比，航空运输的特点主要表现在以下几个方面。

（1）速度快。在各种运输方式中，航空运输的速度快，这是航空运输最大的特点和优势。其速度约为 1 000 千米/时，并且距离越长，节省的时间越多，速度优势也越显著。因而航空运输适用于中长距离的旅客运输、邮件运输和精密贵重货物、鲜活易腐物品的运输。

（2）机动性强。飞机在空中飞行，受航线条件限制的程度相对较小，可跨越地理障碍将任何两地连接起来。航空运输的这一优点使其成为执行救援、急救等紧急任务必不可少的手段。

（3）舒适、安全。现代民航客机平稳舒适且客舱宽敞、噪声小，机内有供膳、视听等设施，旅客乘坐的舒适程度较高。随着科技的进步和管理的不断改善，航空运输的安全性比以往也大大提高，相对于公路运输来讲，事故率极低。

（4）基本建设周期短、投资少。发展航空运输的设备条件是添置飞机和修建机场。与修建铁路和公路相比，其建设周期短、占地少、投资省、收效快。

（5）运输成本高。飞机机舱容积和载重量都比较小，装载能力不足，航空货运的运输费用较其他运输方式更高，不适合低价值货物。

（6）容易受恶劣天气影响。出发地和目的地机场遇到能见度低、低空云、雷雨、强侧风等恶劣天气或遇到恶劣天气引起的跑道结冰和严重积水等情况，都不能正常起飞。相对来讲，航空比铁路和公路对天气的依赖性更大，其准点性会受到影响。

3. 航空设施设备概述

航空设施设备主要包括航空港和航空器。

（1）航空港。即航空站或机场，是航空运输的经停点，供飞机起飞、降落和停放等。

（2）航空器。对物流企业来说，航空器主要是指民用飞机中的货机或客货两用机。货机运量大，但经营成本高，只限于某些货源充足的航线使用，所以其运输成本也很高。

目前客货混合机发展很快，因为可以同时运送旅客和货物，并且根据运输需要适时调整运输安排，灵活性高。

二、航空港

航空港又称航空站或机场，为航空运输的经停点，是供飞机起飞、降落和停放及组织、保障飞机活动的场所。

近年来，随着航空港功能的多样化，港内除了配有装卸客货的设施，一般还配有商务区、娱乐中心、货物集散中心，以满足往来旅客的需要，同时拉动周边地区的生产和消费。

航空港按照所处的位置分为干线航空港和支线航空港，按业务范围分为国际航空港和国内航空港。其中，国际航空港须经政府核准，可以用来供国际航线的航空器起降营运，空港内配有海关、移民、检疫和卫生机构；而国内航空港仅供国内航线的航空器使用，除特殊情况外不对外国航空器开放。

通常来讲，航空港内配有以下设施。

1．跑道与滑行道

机场跑道是供飞机的起飞和降落使用的。跑道的长宽是固定设计的，一般比较宽也比较长。跑道的布置形式和长度应根据接纳的飞机类型、航空港的布局、规模、经营方式等而定。一般飞行距离为 1 万千米的，跑道长 3 640 米；飞行距离 5 000 千米以下的，跑道长 2 730～3 020 米。跑道长度还与飞机性能有关。跑道长度同时要考虑航空港所在地海拔高度、平均最高气温和有效纵向坡度。跑道布置形式与航空港容量、基地风向等有关，机场跑道通常有单条跑道、平行跑道、交叉跑道和开口 V 形跑道等几种类型。

滑行道主要用于连接飞行区各个部分的飞机运行通路，它从停机坪开始连接跑道两端，滑行道的宽度一般由机场最大的飞机的轮距宽度决定，其主起落轮的外侧距滑行道边线不少于 4.5 米。

2．停机坪

停机坪一般作为直升机的主要活动区域，有着至关重要的作用。其一般要求配备相应的助航设备、航管通信设备、气象设施、消防救援设备、机场标志等，使之能符合直升机的安全起降要求。

3．指挥塔或管制塔

指挥塔或管制塔为航空器进出航空港的指挥中心，其位置应有利于指挥与航空管制，维护飞行安全。

4．助航系统

助航系统是辅助安全飞行的设施，包括通信、气象、雷达、电子及目视助航设备。

5．输油系统

输油系统负责为航空器补充油料。

6．维护修理基地

维护修理基地为航空器归航以后或起飞以前例行检查、维护、保养和修理的场所。

7．货运装卸设施

常用货运装卸设施包括运输联合机、升降式装卸机。

8．其他各种公共设施

其他各种公共设施包括给水、电、通信、交通、消防系统等。

三、航空器

（一）航空器的含义

航空器是指能在大气层内进行可控飞行的飞行器。任何航空器都必须产生大于自身重力的升力，才能升入空中。根据产生升力的原理，航空器可分为两大类：轻于空气的航空器和重于空气的航空器。前者靠空气静浮力升空，后者靠空气动力克服自身重力升空。通常而言，航空器主要是指飞机。

（二）航空器的分类

1．按发动机类型分

按发动机类型，飞机可分为螺旋桨式飞机、喷气式飞机。

螺旋桨式飞机利用螺旋桨的转动将空气向机后推动，借其反作用力推动飞机前进，所以螺旋桨转速越高，飞行速度越快。但当螺旋桨转速高到某一程度时，会出现"空气阻碍"的现象，即螺旋桨四周已成真空状态，再加速螺旋桨的转速飞机的速度也无法提升。

喷气式飞机最早由德国人在 20 世纪 40 年代制成，是将空气多次压缩后喷入飞机燃烧室内，使空气与燃料混合燃烧后产生大量气体以推动涡轮，然后以高速度将空气排出机外，借其反作用力使飞机前进。它的结构简单，制造、维修方便，速度快，节约燃料费用，装载量大，使用率高（每天可飞行 16 小时），所以已经成为目前世界各国机群的主要机种。

2．按发动机数量分

按发动机数量，飞机可分为单发（动机）飞机、双发（动机）飞机、三发（动机）飞机、四发（动机）飞机。

3．按飞行速度分

按飞行速度，飞机可分为亚音速飞机和超音速飞机。

亚音速飞机是指最大飞行速度不超过声速的"飞机"。亚音速飞机又分低速飞机（飞行速度马赫数小于 0.8）和高亚音速飞机（飞行速度马赫数为 0.8~0.9）。多数喷气式飞机为高亚音速飞机。

超音速飞机是指航行速度超过音速的飞机，如英法在 20 世纪 70 年代联合研制成功的协和式飞机。目前超音速飞机由于耗油大、载客少、造价昂贵、使用率低，使许多航空公司望而却步，又由于它的噪声很大，被许多国家的机场以环境保护的理由拒之门外或被限制在一定的时间起降，更限制了其发展。

4．按照用途分

按用途，飞机可分为客机、全货机和客货混合机。

客机主要运送旅客，一般行李装在飞机的深舱。到目前为止，由于航空运输仍以客运为主，客运航班密度高、收益大，所以大多数航空公司都采用客机运送货物。不足的是，由于舱位少，每次运送的货物数量十分有限。全货机运量大，可以弥补客机的不足，但经营成本高，只限于某些货源充足的航线使用。客货混合机可以同时在主甲板运送旅客和货物并根据需要调整运输安排，是最具灵活性的一种机型。

5. 按航程远近分

按航程远近，飞机可分为近程飞机、中程飞机、远程飞机。

远程飞机的航程在 1 100 千米左右，可以完成中途不着陆的洲际跨洋飞行。中程飞机的航程在 3 000 千米左右，近程飞机的航程一般小于 1 000 千米。近程飞机一般用于支线，因此又称支线飞机。中、远程飞机一般用于国内干线和国际航线，又称干线飞机。

（三）主要的飞机制造商

飞机是人类在 20 世纪所取得的最重大的科学技术成就之一，有人将它与电视和电脑并列为 20 世纪对人类影响最大的三大发明。目前全球主要的商业飞机制造商有波音公司、空中客车公司、巴西航空工业公司、庞巴迪宇航公司。

1. 波音公司

波音公司是美国一家开发及生产飞机的公司，总部设在伊利诺伊州芝加哥。波音公司是全球航空航天业的领袖公司，也是世界上最大的民用和军用飞机制造商。1997 年 7 月 25 日，美国波音公司和麦道公司股东批准合并。与麦道公司完成合并后的波音公司已成为全球航空航天领域规模最大的公司。波音公司由四个主要的业务集团组成：波音民用飞机集团、波音综合国防系统集团、波音金融公司、波音联接公司。

2. 空中客车公司

空中客车公司是欧洲一家民航飞机制造公司，于 1970 年由德国、法国、西班牙与英国共同创立，总部设在法国图卢兹。空中客车公司是欧洲最大的军火供应制造商空中客车集团（Airbus Group）旗下的企业。

空中客车公司的生产线是从 A300 型号开始的，它是世界上第一个双通道、双引擎的飞机，比 A300 更短的机型被称为 A310。空中客车公司在 A320 型号上应用了创新的电控飞行操作控制系统，获得了巨大的商业成功。1997 年 8 月 13 日，空客 A330-200 客机首次试飞成功。

3. 巴西航空工业公司

巴西航空工业公司是巴西的一家航空工业集团，成立于 1969 年，总部位于巴西圣保罗州的圣若泽多斯坎波斯，业务范围主要包括商用飞机、公务飞机和军用飞机的设计制造及航空服务。

4. 庞巴迪宇航公司

庞巴迪宇航公司是加拿大运输设备业庞巴迪的子公司。以员工人数计，它是世界上第三大飞机制造商（仅次于波音公司及空中客车公司）；以年度付运量计，它是全球第四大的商业飞机制造商（仅次于波音公司、空中客车公司及巴西航空工业公司）。庞巴迪宇航公司创立于 1986 年，其前身为加拿大史上亏损最严重的公司。

四、航空集装设备

航空集装器是航空运输中用来装载货物的集装设备，可以是集装箱，也可以是集装板和集装网组合。

航空集装器是一种容器或载体，航空运输（货物、邮件、行李）时专用，它不像海运和陆运的集装箱那么庞大，是专为飞机设计的，轻便、小巧，规格包括集装板和集装箱，型号多种多样，常见的有 AKE、AVE、DPE、DQF、PMC、PAG、PLA、PKC。它们都是按照飞机机身的样子制作的，所以大小都适合飞机。

航空运输中的货物组装集装设备主要是指为提高运输效率而采用的托盘和腹部集装箱等成组装载设备。为使用这些设施，飞机的甲板和货舱都设置了与之配套的固定系统。

常见的航空集装设备主要有航空集装箱、航空集装板。常见的集装器有：

A/D——集装箱，如 AAU、DQF 等；

P/F——集装板，如 PEB、PGA 等；

R——保温集装箱，如 RAP、RKN 等；

H——马厩，如 HMC。

（一）航空集装板

航空集装板是一块平面的铝板。货件放置在板上，由绳网固定。

分类：PGA、PMC、PQP、P6P、PEB、P1P、PAG、PLA。其中，PEB 底板尺寸为 134 厘米×223 厘米，高度为 213 厘米，如图 2.23 所示，集装板重量为 55 千克，集装板最高可容重量（包括集装板重量）为 1 800 千克，集装板适载机型为 747F。PGA 底板尺寸为 244 厘米×606 厘米，高度为 244 厘米，集装板重量为 480 千克，集装板最高可容重量（包括集装板重量）为 11 340 千克，集装板适载机型为 747F。

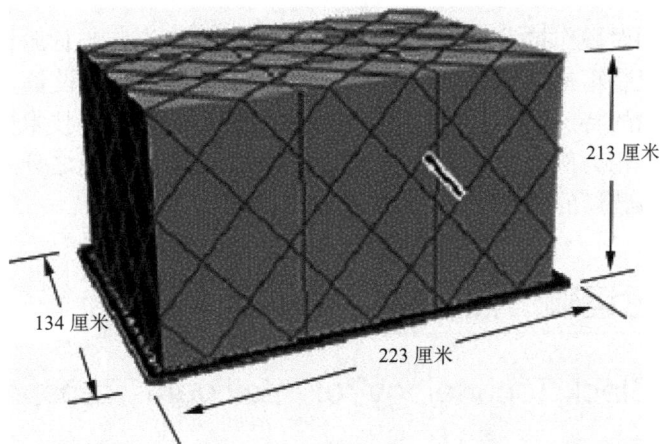

图 2.23　航空集装板

（二）航空集装箱

航空集装箱是根据飞机货舱的形状设计的，以保证货舱有限空间的最大装载率。所以空运集装箱有部分是截角或圆角设计。

而飞机的形状又是由其空气动力学特性决定的。所以，航空集装箱不可能采用同一个标准。在航空运输系统中，把航空集装箱列为集装器中的一个品种，利用飞机载运的集装箱，其规格和型号甚多。航空集装箱用于运载一般货物、行李和邮件。

1. 航空集装箱的种类

（1）根据放置在飞机机舱的位置，分为主货舱用的集装箱和下部货舱用集装箱。

（2）根据适用的联运方式，分为空陆集装箱和空陆水集装箱。

（3）根据装运的货物，分为普通货物集装箱和特殊货物集装箱。后者如保温集装箱、动物集装箱等。

（4）根据制造材料，分为硬体集装箱和软体集装箱。

2. 航空集装箱常用型号

目前常用的航空集装箱主要有 AKE 集装箱、AMF 集装箱、AAU 集装箱和 AMA 集装箱等。

航空集装箱的基本外形如图 2.24 所示。

图 2.24　航空集装箱的基本外形

空运货物装卸对操作技术要求高，可以在托盘上预先安装与货舱轮廓完全吻合的圆顶型容器。腹部集装箱是一种完全能在飞机下部货舱装载的集装设备。

由于航空运输的特殊性，这些集装设备无论是外形构造还是技术性能指标都具有自身的特点。以集装箱为例，其就有主甲板集装箱和底甲板集装箱之分。我们在海运中常见的 40 英尺和 20 英尺的标准箱只能装载在宽体飞机的主甲板上。

第五节　智慧运输"黑科技"

Section 5　"Black Technology" of Intelligent Transportation

在日常生活中，"黑科技"更多的是一种网络新名词，即指高科技泛滥之后演变出来的更强大或更先进的技术及创新，也包括基于现有技术的改进升级和该产品的使用体验等。同时，"黑科技"泛指生活中一切让大家感到"不明觉厉"的新硬件、新软件、新技术、新工艺、新材料等。

时代在发展，物流货运行业也不再是传统的劳动密集型产业，越来越多的高科技正在融入物流货运行业，智慧物流成为物流未来的发展趋势。

随着人口红利的逐渐消失，依赖人力的物流行业正努力从劳动密集型向技术密集型转变，从传统模式向智能物流升级。面对新时代的种种挑战，"小米加步枪"的传统装备已不能满足物流业的快速发展，传统降本增效的方式已行至尽头，如果不大规模地应用智能化设备，物流企业面临的不是能否走远，而是能否生存的大问题。

目前，在仓储、运输、配送等领域，物流硬件设备都处于智能化进程中，涌现了非常多商用和将会商用的智能硬件设备，如智能仓储机器人、无人叉车、可穿戴设备、无人卡车、无人机、无人配送车+智能配送站、智能快递柜等。

一、无人机

（一）概述

无人驾驶飞机简称"无人机"，是利用无线电遥控设备和自备的程序控制装置操纵的不载人飞行器。

无人机实际上是无人驾驶飞行器的统称，从技术角度出发可以分为无人固定翼飞机、无人垂直起降飞机、无人飞艇、无人直升机、无人多旋翼飞行器、无人伞翼机等。

与载人飞机相比，它具有体积小、造价低、使用方便、对作战环境要求低、战场生存能力较强等优点。由于无人机对未来的空战有着重要的意义，世界各主要军事国家都在加紧进行无人机的研制工作。2013 年 11 月，中国民用航空局（CAAC）下发了《民用无人驾驶航空器系统驾驶员管理暂行规定》，由中国航空器拥有者及驾驶员协会负责民用无人机的相关管理。根据规定，中国内地无人机操作按照机型大小、飞行空域可分为 11 种情况，其中仅有 116 千克以上的无人机和 4 600 立方米以上的飞艇在融合空域飞行由民航局管理，其余情况，包括日渐流行的微型航拍飞行器在内的其他无人驾驶飞行器，均由行业协会管理或由操作者自行负责。

（二）研制背景

无人机最早在 20 世纪 20 年代出现，1914 年，第一次世界大战期间，英国的卡德尔和皮切尔两位将军，向英国军事航空学会提出了一项建议：研制一种不用人驾驶，而用无线电操纵的小型飞机，使它能够飞到敌方某一目标区域上空，将事先装在小飞机上的炸弹投下去。这种大胆的设想立即得到了当时英国军事航空学会理事长戴·亨德森爵士的赞赏。他指定由 A.M.洛教授率领一班人马进行研制。无人机当时是作为训练用的靶机使用的，是一个许多国家用于描述最新一代无人驾驶飞机的术语。从字面上讲，这个术语可以描述从风筝、无线电遥控飞机，到从 V-1 飞弹发展来的巡航导弹，但是在军方的术语中，它仅指可重复使用的比空气重的飞行器。

（三）无人机的分类

国内外无人机相关技术飞速发展，无人机系统种类繁多，用途广且特点鲜明，致使其在尺寸、质量、航程、航时、飞行高度、飞行速度、任务等方面都有较大差异。由于无人机的多样性，出于不同的考量会有不同的分类方法。

1. 按飞行平台构型分

无人机可分为固定翼无人机、旋翼无人机、无人飞艇、伞翼无人机、扑翼无人机等。

2. 按用途分

无人机可分为军用无人机和民用无人机。军用无人机可分为侦查无人机、诱饵无人机、电子对抗无人机、通信中继无人机、无人战斗机及靶机等；民用无人机可分为巡查/监视无人机、农用无人机、气象无人机、勘探无人机及测绘无人机等。

3. 按尺度分（民航法规）

无人机可分为微型无人机、轻型无人机、小型无人机及大型无人机。

微型无人机是指空机质量小于或等于 7 千克的无人机。轻型无人机是质量大于 7 千克，但小于或等于 116 千克的无人机，且全马力平飞中校正空速小于 100 千米/时，升限小于 3 000 米。小型无人机是指空机质量小于或等于 5 700 千克的无人机，微型和轻型无人机除外。大型无人机是指空机质量大于 5 700 千克的无人机。

4．按活动半径分

无人机可分为超近程无人机、近程无人机、短程无人机、中程无人机和远程无人机。

超近程无人机活动半径在 15 千米以内，近程无人机活动半径在 15～50 千米，短程无人机活动半径在 50～200 千米，中程无人机活动半径在 200～800 千米，远程无人机活动半径大于 800 千米。

5．按任务高度分类

无人机可以分为超低空无人机、低空无人机、中空无人机、高空无人机和超高空无人机。超低空无人机任务高度一般在 0～100 米，低空无人机任务高度一般在 100～1 000 米，中空无人机任务高度一般在 1 000～7 000 米，高空无人机任务高度一般在 7 000～18 000 米，超高空无人机任务高度一般大于 18 000 米。

2018 年 9 月，世界海关组织协调制度委员会（HSC）第 62 次会议决定，将无人机归类为"会飞的照相机"。无人机按照"会飞的照相机"归类，就可以按"照相机"监管，各国对照相机一般没有特殊的贸易管制要求，这非常有利于中国高科技优势产品进入国外民用市场。

（四）无人机在物流领域的应用

无人机可实现鞋盒包装以下大小货物的配送，只需要将收件人的 GPS 地址录入系统，无人机即可起飞前往。

这早已不是天方夜谭，美国的亚马逊、中国的顺丰都在测试这项业务，而美国达美乐披萨店已在英国成功地空运了首个披萨外卖。亚马逊宣称无人机会在 30 分钟内将货物送达 1.6 千米范围内的客户手中。

2013 年，顺丰与极飞无人机合作，开始研发用于物流运送的无人机，并且于 2013 年 9 月在东莞成功试飞。2015 年，顺丰联合其他公司组建朗星无人机系统有限公司，负责货运无人机系统的设计和研发。2017 年完成国内货运无人机发展史上的多项突破，水陆两用无人机试验成功；同时宣布在成都双流自贸试验区建立大型无人机总部基地，这是国内首个将大型无人机用于物流运输的落地项目；在 2017 年 10 月，由顺丰、朗星和多家航空航天研究所共同研制的超大型吨位货运无人机 AT200 试飞成功，AT200 是目前全球最大吨位货运无人机，其最大荷载为 1.5 吨，飞行速度超过 300 千米/小时，可以连续飞行 8 小时，飞行距离超过 2 000 千米，如图 2.25 所示。

图 2.25 货运无人机

2018 年 3 月 27 日,顺丰控股股份有限公司旗下子公司江西丰羽顺途科技有限公司,获得了中国民用航空华东地区管理局颁发的国内首张无人机航空运营(试点)许可证。这意味着,中国无人机物流配送正式进入合法运营阶段,堪称中国物流无人机发展的里程碑,也是对顺丰无人机物流配送运营能力的认可。简单来说,无人机送快递的时代正式开启了。

京东的无人机项目开始较晚,其无人机真正亮相的时间是 2016 年。在 2016 年的上海亚洲消费电子展上,京东亮出了自己正在研发的两款无人机。而直到 2016 年 6 月,京东第一单无人机配送的快递才试验成功。

2017 年 2 月,京东与陕西省达成合作,并且于同年 5 月宣布在西安航天基地建立京东全球无人系统产业中心,京东无人配送业务开始以西安为中心,向全国其他城市推进。

目前京东的无人机载重为 10~20 千克,飞行时长为 40 分钟左右,飞行距离为 20 千米,主要用来解决最后几千米的配送任务。

二、无人驾驶汽车

(一)无人驾驶汽车的内涵与发展

无人驾驶汽车是智能汽车的一种,也称为轮式移动机器人,主要依靠车内的以计算机系统为主的智能驾驶仪来实现无人驾驶的目的。

从 20 世纪 70 年代开始,美国、英国、德国等发达国家开始进行无人驾驶汽车的研究,在可行性和实用性方面都取得了突破性的进展。中国从 20 世纪 80 年代开始进行无人驾驶汽车的研究,国防科技大学在 1992 年成功研制出中国第一辆真正意义上的无人驾驶汽车。

2005 年,首辆城市无人驾驶汽车在上海交通大学研制成功。

世界上最先进的无人驾驶汽车已经测试行驶近五十万千米,其中最后八万千米是在没有任何人为安全干预措施下完成的。

(二)无人驾驶汽车的工作原理

无人驾驶汽车是通过车载传感系统感知道路环境,自动规划行车路线并控制车辆到达预定目的地的智能汽车。它利用车载传感器来感知车辆周围的环境,并且根据感知所获得的道路、车辆位置和障碍物信息,控制车辆的转向和速度,从而使车辆能够安全、可靠地在道路上行驶。集自动控制、体系结构、人工智能、视觉计算等众多技术于一体,是计算机科学、模式识别和智能控制技术高度发展的产物，也是衡量一个国家科研实力和工业水平的重要标志，在国防和国民经济领域具有广阔的应用前景。

（三）无人驾驶汽车的主要特点

1．安全稳定

安全是拉动无人驾驶汽车需求增长的主要因素。驾驶员的疏忽大意和疲劳驾驶每年都会导致许多事故发生。无人驾驶可以解除疲劳驾驶带来的安全隐患，同时可以减少驾驶员人为操作的失误。

防抱死制动系统其实就算一种无人驾驶系统。不具备防抱死制动系统的汽车在紧急刹车时，轮胎会被锁死，导致汽车失控侧滑。在驾驶没有防抱死制动系统的汽车时，驾驶员要反复踩踏制动踏板来防止轮胎锁死。而防抱死制动系统可以代替驾驶员完成这一操作，并且比手动操作的效果更好。该系统可以监控轮胎情况，了解轮胎将在何时被锁死，并且及时做出反应，而且反应时机比驾驶员把握得更加准确。防抱死制动系统是引领汽车工业朝无人驾驶方向发展的早期技术之一。

另一种无人驾驶系统是牵引和稳定控制系统。当汽车即将失控侧滑或翻车时，稳定和牵引控制系统可以探测到险情，并且及时启动防止事故发生。这些系统不断读取汽车的行驶方向、速度及轮胎与地面的接触状态。当探测到汽车将要失控并有可能导致翻车时，稳定或牵引控制系统将进行干预。这些系统与驾驶员不同，它们可以对各轮胎单独实施制动，增加或减少动力输出，相比同时对四个轮胎进行操作，这样做的效果通常更好。当这些系统正常运行时，可以做出准确的反应。相对来说，驾驶员经常会在紧急情况下操作失当，调整过度。

2．自动泊车

车辆损坏的原因，多半不是重大交通事故，而是在泊车时发生的小磕小碰。泊车可能是危险性最低的驾驶操作了。虽然有些汽车制造商给车辆加装了后视摄像头和可以测定周围物体距离的传感器，甚至有可以显示汽车四周情况的车载电脑，但有人仍然会一路磕磕碰碰才能驶入停车位。

自动泊车系统是无人驾驶技术的一大成就。通过该系统，车辆可以像驾驶员那样观察周围环境，及时做出反应并安全地泊入车位。让汽车自动回家，将不再是遥远的事情。

（四）无人驾驶汽车在物流运输中的应用——无人重卡

从无人超市到无人餐厅再到无人驾驶物流车，人工智能已成功渗入我们生活的方方面面，并且正在一步步地改变着我们的生活方式。近年来，无人驾驶技术在物流领域的运用可谓"遍地开花"。无人重卡被认为是无人驾驶技术未来最可能首先商用的领域。

2018 年 5 月 24 日下午，苏宁物流在其上海奉贤园区测试了一辆名为"行龙一号"的无人驾驶重型卡车，这是国内电商首次对无人重卡启动实景测试。这辆测试车装载着一车厢重 40 吨的空调在园区内行驶，它能自动规划路线行驶，精确识别障碍物。面对道路中突然出现的行人，也能及时做出预警并停车。

"行龙一号"采用了人工智能和深度学习技术，同时配备了激光雷达等高科技装备。在高速场景下，不仅可以在 300 米外精确识别障碍物，还能以 25 米/秒的反应速度来控制车辆进行紧急停车或绕行避障等措施，在驾驶速度达 80 千米/时时仍可以实现安全自动驾驶。

对于长途货运司机来说，重卡操作相对复杂且费力，远距离运输需要保持单调的姿势，也容易疲劳，易发生事故。无人重卡的出现，为重卡司机提供了更舒适的工作环境。不过，这并不意味着卡车完全能够替代人类。出于安全因素考虑，该款无人重卡的人工手动操作在任何时候都可以凌驾于自动化系统之上。在自动驾驶过程中，只要驾驶员拨动方向盘或采取制动，自动化系统就会停止操作，将控制权交给驾驶员。

2018 年 11 月 21 日，一汽解放、自动驾驶科技公司智加科技和满帮集团联合宣布，将采用英伟达 DRIVE AGX Pegasus 平台，赋能中国无人重卡快速发展。合作四方计划采用英伟达 DRIVE AGX Pegasus 平台。未来，合作方目标是组建规模化安全运输车队，并将于 2021 年进行大规模部署。

2018 年 11 月 30 日，智加科技获得全国首张营运货车自动驾驶路测牌照，同时，宣布与国家 ITS 中心智能驾驶及智能交通产业研究院达成战略合作，加速商用车自动驾驶技术的测试和应用落地。

三、智能配送机器人

（一）智能配送机器人发展概述

科技的发展是大家有目共睹的，也让我们的生活有了日新月异的变化。随着无人科技的出现，很多传统的简单机械、重复性劳动的工人开始下岗，取而代之的是一些机器人在工作，这在一定程度上提升了人们的生活品质。京东研制了智能配送机器人，设想未来的快递员工作将由机器人来担任。

智能配送机器人可以有效地躲避障碍物、辨别红绿灯，还可以驾驶、变更车道、识别车位等。

2017 年 6 月 18 日，京东的智能配送机器人在中国人民大学顺利完成全球首单配送任务。

作为整个物流系统中末端配送的最后一环，智能配送机器人所具备的高负荷、全天候工作、智能化等优点，将为物流行业的"最后一千米"带去全新的解决方案。

以京东的智能配送机器人为例，京东的智能配送机器人不仅可以用来识别障碍物、躲避障碍物，还能够像人一样辨别红绿灯和自动规划路线、主动换道等。在到达目的地的时候，将会提醒后台将取货信息发送给用户。那么用户也可以自由地选择人脸识别，或者输入取货验证码等方式进行取货，可以说是十分方便了。不仅是小型的无人配送车，京东还有一架重型的无人机，能够实现在 24 小时内把商品运往全国各地，并且将货物送到后可以自动地进行卸货和入库、包装等操作。

（二）智能配送机器人的技术特点

以京东的智能配送机器人为例。京东的智能配送机器人是智慧物流体系生态链中的终端，面对的配送场景非常复杂，需要应对各类订单配送的现场环境、路面、行人、其他交通工具及用户的各类场景，进行及时有效的决策并迅速执行，这需要配送机器人具备高度的智能化和自主学习的能力。

除了强大的硬件支持使机器人得以运行复杂的人工智能运算，京东的自建物流体系下相对稳定成熟的实际应用场景让京东的智能配送机器人具备到实际场景中进行试错和不断调优的机会。这正是京东智慧物流发展的独特优势，也是京东能让智能配送机器人和智能化技术如此迅速落地的重要原因之一。

智能配送机器人的感知系统十分发达，除装有激光雷达、GPS 装备外，还配备了全景视觉监控系统，前后的防撞系统及超声波感应系统能帮助智能配送机器人准确感知周边的环境变化，预防交通安全事故的发生。

它拥有基于认知的智能决策规划技术。在遇到障碍物时，判断障碍物的同时识别出行人位置，并且计算出障碍物与行人运动方向与速度，通过进行不断的深度学习与运算，做出智能的行为决策。目前，该智能配送机器人具有以下能力：安全通过红绿灯路口，包括有红绿灯的路口和没有红绿灯的路口；自主规划路线安全借道行驶；向来车和行人避让；礼让横穿行人车辆，安全避道行驶；精准停车。

智能配送机器人有两大创新亮点，一是可以根据包裹尺寸调节箱柜大小；二是可以实现车柜分离，直接对货柜进行整体更换，为未来在社区楼下实现快递柜和智能配送机器人的快速对接提供了技术支持。

四、智能货运调度平台——运满满

（一）运满满简介

运满满成立于 2013 年，隶属于江苏满运软件科技有限公司，是国内基于云计算、大数据、移动互联网和人工智能技术开发的货运调度平台。

目前，运满满平台实名注册重卡司机超过 520 万人，货主超过 125 万人，货物日周转量 136 亿吨公里，日撮合交易额约 17 亿元，业务覆盖全国 334 个城市，已经成为中国最大整车运力调度平台、智慧物流信息平台和无车承运人。同时是"互联网+物流"、交通大数据和节能减排的样板项目。

（二）运满满的产品理念

随着物流业的日益发展、物流园的广泛建设、货车数量日益增长，物流司机找货源的问题一直不能得到很好的解决。运满满的产品初衷就是帮助物流司机更快地找到心仪的货源。

运满满服务于四方客户，致力于公路运输行业，为车找货（配货）、货找车（托运）提供全面的信息服务。

运满满的出现，不仅解决了物流司机找货源的问题，同时解决了货主找物流司机、车源等一系列问题。在方便快速找到车源的同时实现了实时定位，让货主对于货源的动向有了一定的追踪能力。

（三）运满满的行业评价

2018 年 12 月，中国交通运输协会主管、中国交通运输协会智慧物流专业委员会组织编制的行业指导报告《中国智慧物流发展报告》表示，运满满立足构建覆盖全国物流大数据平台，以公路运力交易服务为突破口和核心，形成以相关服务为主要特征的物流供需撮合和服务手段，快速集聚物流供需资源；并且通过不断积累的用户、业务和信用基础，逐渐带动共同物流、物流增值等服务的培育和发展，最终建立规范、科学、有效、可持续的物流产业新业态，形成商流、物流和信息流互动的良性机制，形成以物流大数据资源为支撑的智慧物流产业全新局面。

运满满自主研发的"全国干线物流智能调度系统"基于云计算、大数据、移动互联网和人工智能技术，依托中国公路干线物流最大数据库，与全球顶级人工智能研究机构和科学家合作，以复杂事件检测分析和处理技术、大数据智能分析决策技术创新为重点，运用先进算法模型，基于嵌入式与定位追踪的智能调度平台，实现服务车主与货主的智能车货匹配、智能实时调度、智能标准报价，对物流信息全程追踪并实现可视化，显著提升了公路干线物流货源、车辆、路线、价格匹配速度、精准度和运输组织效率，激活了物流行业的多样化模式创新。平台旗下的交易产品"满运宝"，致力于为交易纠纷提供调解、责任与赔偿判定及相关保障服务，并且通过交易行为数据建立评价体系，通过系统化管理赋能物流企业降本增效，进一步促进我国物流行业更快地由粗放型向精准型、由传统型向互联网数字化服务型的转变升级，推进智慧物流生态环境构建。

国内类似于运满满的智能货运调度平台还有货车帮、美泰物流网、罗技物流等。

案例

京东物流在智慧物流领域再加码

2017年9月28日，京东公布了其联合上汽大通与东风汽车共同研发的上汽大通EV80新能源无人货车和东风电动无人货车，这也是国内电商及物流领域首次推出无人货车产品，京东称目前无人货车已在交管部门指定的固定路段内开始路试。

京东方面表示，其与上汽大通合作的 EV80 无人轻型货车，通过搭载的雷达、传感器、高精地图及定位系统，在行进过程中，即使是150米外的障碍物也可以被提前探知，并且有足够的时间重新进行道路规划与障碍规避；当遇到信号灯时，其前视摄像头可以进行准确感知，保障无人货车安全有序地平稳前行。未来，京东轻型无人货车将可自主完成运行路线规划，实现主动换道、避障、车位识别、自主泊车等诸多功能。

京东方面强调，虽然无人货车能够实现自动驾驶，但在进行路试时，依然在车上配备了驾驶员以应对可能产生的突发事件，确保路试的安全进行。

据透露，京东与上汽集团将针对无人车的发展与生态建设开展战略合作。京东同时与东风汽车公司技术中心及北京智行者科技有限公司开展了一系列技术合作，并且联手推出了东风电动、无人轻型厢式货车。

无人车运输是京东智慧物流的重点发力方向之一。

2016 年，京东成立专注物流领域科技研发的"X 事业部"，副总裁肖军兼任部门总裁。他跟刘强东一起定下方向：从无人机、无人车和无人仓（无人仓储）三个方面落地，使用人工智能让整个物流体系更标准化，实现快速迭代，推进智慧物流。其中，无人机主要用于提供偏远农村地区的"最后一千米"配送服务，无人车主要用于城市内无人配送解决方案。随着物流地位的日益重要，京东又于 2017 年 4 月 25 日正式将物流部门独立，建立业务子集团。

2016 年 6 月 8 日，京东在宿迁完成了无人机试运营的第一单；同年"双 11"期间，实现了在北京、宿迁、西安、成都四地的同时试运营。到 2017 年"618"期间，京东在宿迁和西安的无人机运营已实现常态化。

2017 年 8 月 29 日，京东在陕西省完成无人机项目落地的五大签约，同日，京东正式发布了首款可用于支、干线运输的倾转旋翼无人机 VT1，该无人机具备 200 千米以上飞行距离、200 千克以上起飞重量。

（资料来源：http://tech.163.com/17/0929/14/CVGR2OUL00097U7R.html）

讨论：

1. 京东无人货车避碍功能是如何实现的？
2. 从无人机、无人车到无人仓，真的会让物流从业人员全部失业吗？

习题

一、填空题

1. 铁路的机车有蒸汽机车、＿＿＿＿、＿＿＿＿三种类型，常见的铁路货车有棚车、＿＿＿＿、＿＿＿＿和＿＿＿＿，其中棚车车型代码为＿＿＿＿。

2. 铁路三种信号颜色是红色、＿＿＿＿、＿＿＿＿。

3. 挂车按承重方式分，可以分为半挂车、＿＿＿＿，按照组织形式分，可以分为＿＿＿＿和＿＿＿＿。

4. ＿＿＿＿船是专门用来运输不加包装的货物的，如煤炭、矿石、木材、牲畜、谷物等。＿＿＿＿船俗称子母船，是一种专运货驳的船。其驳船收放方式分为吊运和浮移两种。

二、简答题

1. 公路运输中的专用运输车辆有哪些？分别运输什么货物？
2. 冷藏车的制冷方式有哪些？分别运用了什么原理？
3. 简述全挂车与半挂车的区别。
4. 什么是滚装船？适应的运输类型有哪些？
5. 航空集装设备有哪些类型，为什么要使用航空集装器？
6. 智能配送机器人可以取代快递员吗？

第三章 仓储设施与设备

Chapter 3　Storage Facilities and Equipment

知识目标

　　掌握货架的作用、功能及分类，熟悉几种常用货架的结构特点及用途，了解自动化立体仓库的概念及特点，掌握自动分拣系统的构成及几种常见的输送装置和分拣装置，了解智慧仓储"黑科技"中的智能仓储机器人和无人仓的相关技术

引导案例

立体仓库助华仁药业打造智慧物流

　　华仁药业股份有限公司（简称华仁药业）成立于 1998 年 5 月，是中国药科大学等国内知名院校、企业参股的集产、学、研为一体的新型股份制公司。在发展智能制造方面，华仁药业走的是一条与一般的中国制造企业不太相同的道路。它自成立伊始便使用了先进的机器人和自动化设备，在硬件层面走在智能制造的最前端。

　　在华仁药业的立体仓库里，生产的药品成品会通过传送带直接从自动化包装线上输送到立体仓库，并且根据不同药品品规的码盘规则，由机械手自动码到托盘上。码满的托盘通过条码技术发送信号到仓库管理系统（WMS）里，由系统自动分配一个空货位地址后，输送到入库口，再由接收到指令的堆垛机送到指定位置，并且迅速完成入库。

　　这个由北京起重运输机械设计研究院设计的立体仓库，整合了自动化码垛机器人接口软件技术、无线 RF 调度自动仓储技术、计算机自动仓储管理控制系统技术、现场总线技术、激光传感技术等，实现了从物料传输，到识别、分拣、码盘、仓储、检索和发货等各个环节的全流程自动化作业。

　　在实现设备的智能化后，华仁药业将进一步提升的目标转向了与信息化的融合。华仁药业引进了 SAP 的 ERP 管理系统和罗克韦尔的制造执行系统（Manufacturing Execution System，MES），并且将其与公司原有的电子监管码系统和立体库系统集成起来，实现了信息流和物流的无缝链接。MES 与入库作业相连，成品发货由 ERP 管理系统发出销售出库指令，整个出入库的过程贯穿着条码技术与电子监管码系统，作为药品成品追溯的依据。

　　借助罗克韦尔的 MES，华仁药业实现了生产制造体系的资源优化配置、在线监控和数据采集，实现了对水及原料配料的实时监控管理，能够自动检测产品是否达到

美国食品药品监督管理局标准的要求。除此之外，对产品每个批次的生产过程实现了电子化记录，在国内的同行业中，华仁药业是第一家。

目前，华仁药业的立体仓库实现了 3 倍的库容提升，节省了约 150% 的仓库资金，吞吐量提高了 4~6 倍，人工节省了 30 人左右，作业效率提升了 100%，货物的破损率比以往降低了 46%。

"我们利用高度智能化的设备实现了物与物的对话。在此基础上建立的立体库，不仅可以节约用地、节约人力资源成本、减轻人力劳动强度、提高作业人员综合素质、提高仓储自动化管理水平，还能提高仓储效率。这个技术已经成熟，它也是整个物流行业未来发展的方向。"华仁药业信息化经理孙延波说，"通过计算机进行仓储管理，还做到了先进先出、方便控制和管理货位，并且节省了照明设施、油料等能源消耗。"

讨论：

案例中的立体仓库整合了哪些设备完成了全流程自动化作业？

第一节　仓储设施情况概述

Section 1　Overview of Storage Facilities

一、仓储占物流费用和 GDP 的比重上升

仓储在国民经济中有着重要的地位和作用。近年来，仓储业占社会物流总费用的比重和仓储占 GDP 的比重都随着仓储业的发展而不断上升，仓储业在整个经济运行中的地位逐年提高。据前瞻产业研究院发布的《中国仓储行业市场前瞻与投资战略规划分析报告》统计数据显示，2017 年，全国社会物流总费用为 12.1 万亿元，其中仓储保管费用为 3.9 万亿元，企业管理费用为 1.6 万亿元，仓储费用是为储存保管一定数量的商品物资所支出的仓储保管费用和应负担的企业管理费用的总和。因此，2017 年仓储费用占社会物流总费用的 45.5%，占 GDP 的 6.65%。截至 2018 年上半年，社会物流总费用为 6.1 万亿元，仓储费用为 3 万亿元，仓储费用占社会物流总费用的 49.2%，占 GDP 的 7.16%，如图 3.1 所示。

二、仓储固定资产投资首次出现下降

据前瞻产业研究院的数据显示，2017 年，仓储业固定投资额为 6 855.78 亿元，同比下降 1.83%，首次出现负增长。同年物流业（含交通运输、仓储和邮政业）固定资产投资总额增幅为 14.8%，全社会固定资产投资额增幅为 7.2%，如图 3.2 所示。

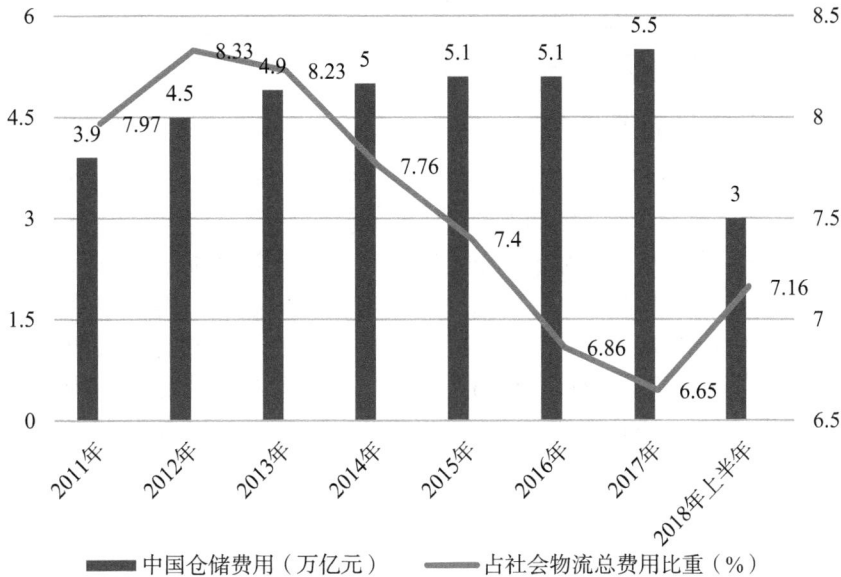

图 3.1　2011—2018 年上半年中国仓储费用及占社会物流总费用比重统计情况

资料来源：前瞻产业研究院

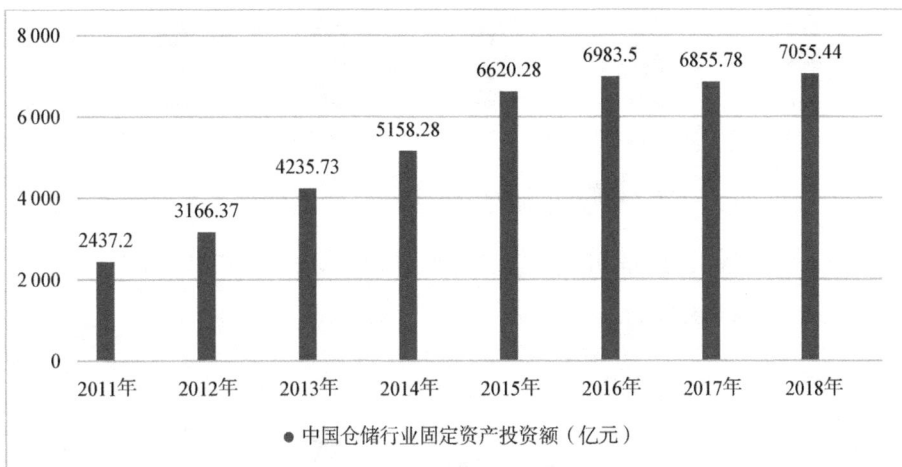

图 3.2　2011—2018 年中国仓储行业固定资产投资额统计情况

资料来源：前瞻产业研究院

究其原因：一是在新常态大环境下，除涉及民生的行业外，其他行业固定资产投资增速都在放缓，与之相比，仓储业投资增速下降明显；二是由于仓储业投资连续十年大幅增长，仓储设施日趋饱和，业内投资转向库内功能完善末端节点建设、信息化、智慧化、云仓储、大数据、物联网等方面，导致投资增幅趋缓；三是物流体系优化，流通环节减少，库存周转加快，在物流过程中越库作业比重增加，导致对仓储设施的总体需求下降；四是土地资源紧张，这在客观上制约了仓储设施的建设规模发展；五是仓储设施投资主体发生变化，电商、零售、快递等企业投资仓储设施，未纳入仓储业投资统计范围。更为重要的是，仓储经营方式与商业模式创新成为大趋势，传统意义上的仓储、单一功能的仓储将不复存在，应当深度转型升级、全面融入供应链、融入互联网，围绕控制与调度库存，存货融资与供应链金融，支撑全渠道流通发展。

三、行业仓库设施不断完善

自 21 世纪初以来，中国的仓储地产市场就呈现了"乘数增长"的态势，仓库面积飞速扩大，从原来的沿海港口城市（如上海、深圳）延伸至每一个主要的一线及二线城市。此外，各类仓储企业在政策引导和市场推动下纷纷加大投资，仓库设施建设呈现大型化、网络化的趋势，电商仓库成为建设热点。近年来我国营业性通用（常温）仓库面积和冷库容积逐年扩大，前瞻产业研究院《2018—2023 年中国仓储行业市场前瞻与投资战略规划分析报告》数据显示，截至 2016 年年底，我国营业性通用仓库面积约 9.98 亿平方米，同比增长 4.5%；冷库总容积约 12 008 万立方米，同比增长 12.5%，如图 3.3、图 3.4 所示。

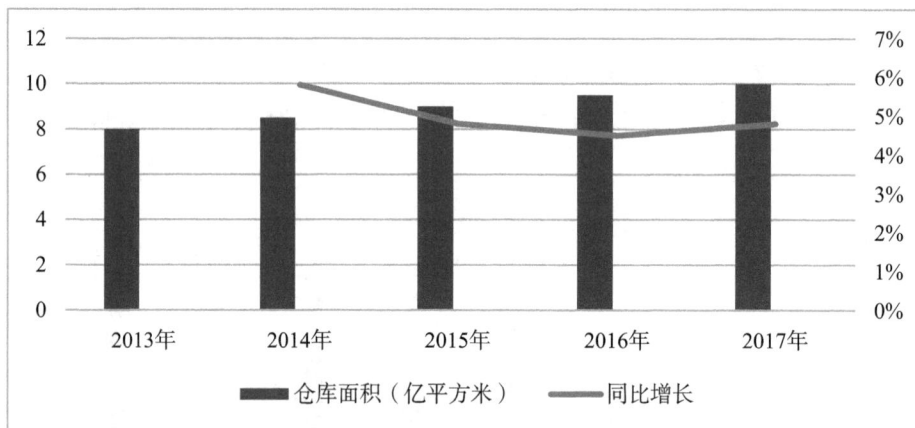

图 3.3　2013—2017 年中国仓储业营业性通用（常温）仓库面积及增长情况

资料来源：前瞻产业研究院

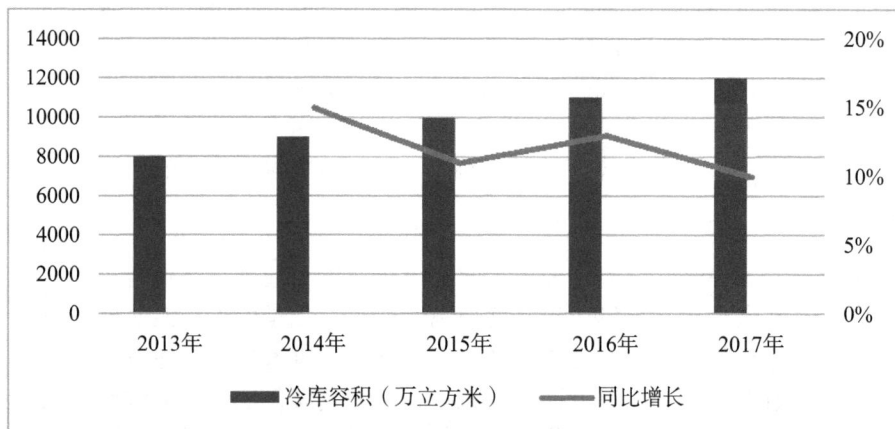

图 3.4　2013—2017 年中国仓储业冷库容积及增长情况

资料来源：前瞻产业研究院

随着"互联网+"热潮的迅猛袭来，中国经济和物流行业都将迎来新的机遇，这必然为仓储业的发展提供巨大的市场需求。从 2018 年中国仓储指数和物流指数走势来看，互联网+高效物流快速发展，在此背景下，我国仓储行业的运行环境将继续优化，行业稳中向好的格局将会延续!

第二节　货架

Section 2　Shelf

一、货架的含义

货架是一种架式结构物，可充分利用仓库空间，提高库容利用率，扩大仓库储存能力，存入货架中的货物，互不挤压、物资损耗小，可完整保证物资本身的功能，减少货物的损失。

货架中的货物存取方便，便于清点及计量，可做到先进先出。很多新型货架的结构及功能有利于实现仓库的自动化及智能化管理。

仓储货架主要区别于超市货架。超市货架除具有存储功能外，另一重要的功能是具有展示作用。相对于超市货架，仓储货架普遍应用于工业仓库，更着重于向上发展，充分利用存储空间，最大高度可达到 40 米以上。大型物流中心的设计可以是库架一体式结构，即先建造货架部分，以货架为建筑物的支撑结构，后建造建筑结构，如围墙，屋顶等。重点在于存储、充分利用空间和另一重要功能，即快速处理货物流通的存储货架形式。

正在迅速崛起的快速消费品行业，如冷链仓储、食品饮料、医药、烟草等行业对物流存储仓库自动化程度的依赖性越来越高。随着密集型存储概念的提出，货架系统也发生了较大的变化。货架配合各种不同类型的物流仓储系统的要求，做到最大限度地适应当前物流仓储系统的需求，以提高物流仓储系统的效率。

目前，物流仓储系统中最常见的托盘式密集型货架的种类主要分为有动力和无动力货架。无动力货架有驶入式货架、后推式货架、重力式货架等；有动力货架有电动移动式货架、自动化立体仓库、穿梭车货架等。

二、货架的分类

（一）按形态分

1. 固定型货架
固定型货架可细分为搁板式货架、托盘式货架、贯通式货架、重力式货架、压入式货架、阁楼式货架、钢结构平台、悬臂式货架、流动式货架、抽屉式货架、牛腿式货架等。

2. 移动型货架
移动型货架可细分为移动式货架和旋转式货架，其中移动式货架又可细分为轻中型移动式货架（又称密集架，分为手动和电动两种）、重型托盘式移动货架；旋转式货架又可细分为水平旋转式、重直旋转式货架两种。

（二）按载重量分

（1）轻型货架：每层载重量在 200 千克以下。

（2）中型货架：每层载重量为 200~500 千克。

（3）重型货架：每层载重量在 500 千克以上。

（三）按货架高度分

（1）低位货架：高度 5 米以下。

（2）高位货架：高度 5~12 米。

（3）超高位货架：高度 12 米以上。

三、常用货架介绍

1. 搁板式货架

搁板式货架由柱片、横梁、层板组成，横梁由专用轧机轧制的立面加筋一体 P 型梁、P 型管组成。该货架类型具有承载大、结构稳定、规格不受限的特点。可根据需要设计为三立柱柱片组成形状，从而解决进深过大及单层承载过大的问题。

（1）轻型搁板式货架。单元货架每层载重量不大于 300 千克，总承载一般不大于 5 000 千克。单元货架跨度通常不大于 2 米，深度不大于 1 米（多为 0.6 米以内），高度一般在 4.5 米以内，罕见的为 C 型钢式立柱、P 型梁货架结构，中观轻盈、美丽、调理便利，使用寿命在 20 年。该货架主要适用于寄存轻、小物品，普遍用于电子、轻农、化学等行业，如图 3.5 所示。

图 3.5 轻型搁板式货架

（2）中型搁板式货架。单元货架每层载重量一般在 200~1 000 千克，总承载一般不大于 5 000 千克。单元货架跨度通常不大于 2.6 米，深度不大于 1 米，高度一般在 3 米以内。如果单元货架跨度在 2 米以内，每层载重量在 500 千克以内，通常选无梁式中型搁板式货架较为适宜；如果单元货架跨度在 2 米以上，则一般只能选有梁式中型搁板式货架，常见的为 C 型钢式立柱、P 型梁货架结构，层间距可调余地更大，更稳固、漂亮，与环境的协调性更好，更适于一些洁净度要求较高的仓库，有梁式中型搁板式货架工业化特点强一些，较适用于存放金属结构产品。中型搁板式货架应用广泛，适用于各行各业，如图 3.6 所示。

图 3.6 中型搁板式货架

（3）重型搁板式货架。单元货架每层载重量通常在 500~4 000 千克，单元货架跨度一般在 3 米以内，深度在 1.2 米以内，高度不限，且通常与重型托盘式货架相结合、相并存，下面几层为搁板式，人工存取作业，高度在 2 米以上的部分通常为托盘式货架，使用叉车进行存取作业。主要用于一些既需要整托存取，又要零存零取的情况，在大型仓储式超市和物流中心较为多见，如图 3.7 所示。

图 3.7 重型搁板式货架

2．阁楼式货架

阁楼式货架是在已有的货架或场地中搭建二、三层阁楼，充分利用空间。通常阁楼式货架布局使用在仓库较高、存取货物较轻便，人工存取且存货量较大的仓库中。

阁楼式货架利用货架作为支撑，在货架的特定高度铺设通道楼板、护栏、人行楼梯、货物滑道、货梯、液压升降平台等，从而设计成多层式储物单元，节约空间高效利用仓库，它可根据场地特点及需求定做合适的尺寸，以货架做楼面支撑，可设置楼梯、货物提升电梯等。阁楼式货架适用于场地有限、品种繁多、货物数量少的情况下，它能在现有的场地上增加几倍的利用率，可配合使用升降机操作，如图 3.8 所示。

图 3.8 阁楼式货架

3. 悬臂式货架

悬臂式货架采用专用型材立柱，配高强度悬臂，适用于存放长形、环型、板材和不规则的重型物料。

悬臂可以是单面或双面的。悬臂式货架具有结构稳定、载重能力好、空间利用率高等特点。在悬臂上增加钢制或木制的搁板后，特别适合空间小、高度低的库房，空间利用率高，存取货物更方便、快捷，与普通搁板式货架相比利用率更高，如图3.9所示。

图 3.9　悬臂式货架

4. 托盘式货架

托盘式货架，俗称横梁式货架，或称货位式货架，通常为重型货架，在国内的各种仓储货架系统中最为常见。首先须进行集装单元化工作，即将货物包装及其重量等特性进行组盘，确定托盘的类型、规格、尺寸，以及单托载重量和堆高，然后由此确定单元货架的跨度、深度、层间距，根据仓库屋架下沿的有效高度和叉车的最大叉高决定货架的高度。

托盘式货架广泛应用于制造业、第三方物流和配送中心等领域，既适用于多品种小批量物品，又适用于少品种大批量物品，如图3.10所示。

图 3.10　托盘式货架

5. 重力式货架

重力式货架由托盘式货架演变而成，由立柱片组、承载梁、托辊、阻尼辊、缓冲分离器组成。

采用辊子式轨道或底轮式托盘，根据托盘的摩擦系数、托辊的灵活度确定最适当的倾角。

重力式货架具有"先进先出、利用率高、存储和输送相结合、安全高效"的优点。

重力式货架是一种密集储存式仓库系统，能充分利用仓库面积，比一般固定式货架的仓库面积利用率高 30%左右。重力式货架系统广泛用于一些少品种、大批量同类货物的存储和提取，适合于对货物存取时间有较高要求的货物存储。例如，汽车制造企业、食品行业、药品行业、冷库等，仓库空间利用率可达到 75%以上，如图 3.11 所示。

图 3.11 重力式货架

（1）重力式货架的优点。

①能保证货物的先进先出。

②是一种高密集型的货架存储系统，空间利用率极高，相比普通通道托盘货架大大节省了通道面积。

③在进出货时，叉车或巷道堆垛机行程最短。

④让其货架的货位"空缺"状态实现最小化。

⑤能最大限度地防止货物的失窃。这种形式的货架，外部人员仅仅能够接触到滑道顶部的第一个托盘货物，因而让货物的失窃率大大降低。

⑥适用于零进整出或整进整出，尤其适用于大批量进出、存储，进出系统如与自动传输带衔接，吞吐能力可加强。

（2）重力式货架的缺点。

①投资成本相对高。一般重力式货架的成本为普通式货架的 5~7 倍，但是与自动化仓储系统相比较低。

②它们对托盘及货架的制造加工要求高，否则易造成滑道阻塞，同时对日常维护、保养的要求也高。

6．驶入式货架

驶入式货架又称通廊式货架或贯通式货架。驶入式货架可供叉车驶入通道存取货物，适用于品种少、批量大的货物储存。

由于叉车需要进入货架内部存取货物，通常建议不超过 7 个货位深度。为提高叉车的运行速度，可根据实际需要选择配置导向轨道。

驶入式货架的仓库空间利用率可提高 30%以上，驶入式货架采用托盘存取模式，适用于存放品种单一、大批量的货物，如图 3.12 所示。

图 3.12　驶入式货架

与托盘式货架相比，其仓库利用率可达到 80%左右，仓库空间利用率可提高 30%以上，是存储效率最高的货架，常用于冷库、食品、饮料、烟草等存储空间成本较高的仓库。空间的有效利用率最多可提高到 90%，场地面积利用率可达 60%以上。驶入式货架系统具有典型的先进后出的存储特点，叉车作业方式多为持续"高举高打"模式，货物高举后的重心较高，叉车易随着通道地面的不平度等产生晃动而碰撞到货架，会影响货架结构的稳定性和安全性，因此对司机的驾驶技术要求较高。

在驶入式货架的设计过程中，首先要进行托盘单元货品的标准化，确定托盘的规格尺寸、堆高、额定载重量然后才能规划驶入式货架的整体结构和存储单元的跨度、深度、层间距、高度等关键尺寸，进行货架结构和零部件的设计与审核。设计时，应针对关键参数进行设计验证或试验验证，根据货架结构建立相应的力学简化模型，根据货架的实际受力及载荷分布，结合相应的构件截面几何参数和质量特性，进行有关强度、刚度、稳定性的设计和校核，在必要时可通过实验验证以确保设计结果与实际相符，如图 3.13 所示。

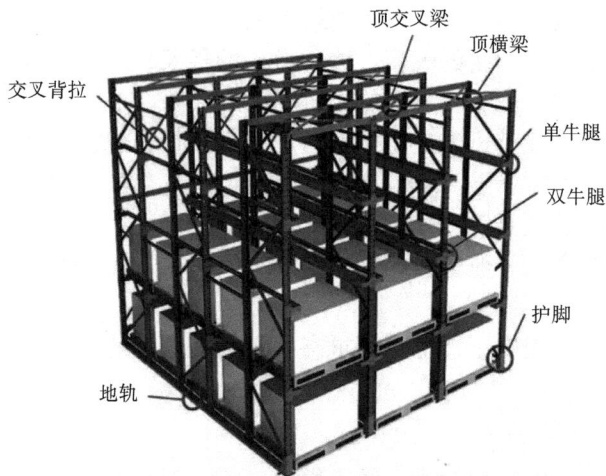

图 3.13　驶入式货架的设计

7. 旋转式货架

旋转式货架是机械和电气、强电控制和弱电控制相结合的产品。

它主要由货物储存、货物存取和传送、控制和管理三大系统组成，还有与之配套的供电系统、空调系统、消防报警系统、称重计量系统、信息通信系统等，如图 3.14 所示。

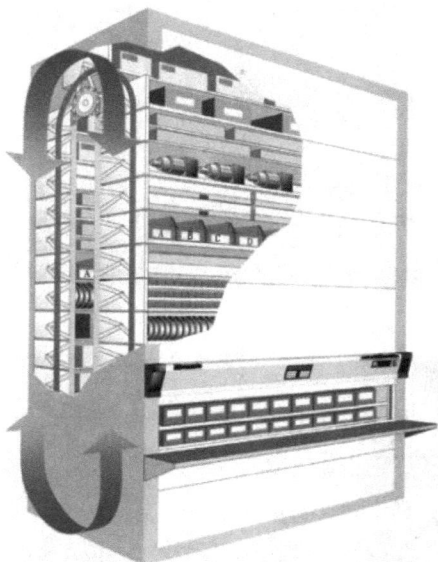

图 3.14　旋转式货架

旋转式货架操作简单，存取作业迅速，适用于制造业当中对于电子元件及精密机械等小批量、多品种小物品的储存及管理。

旋转式货架转动的速度很快，可以达到 30 米/分钟的速度。旋转式货架的存取效率很高，通过计算机控制实现自动存取和自动管理。其计算机快速检索功能可迅速寻找储位，快捷拣货，储存物可以是纸箱、包及小件物品。取料口高度符合人体工程学，适合操作人员长时间作业。由于旋转式货架可适用于各种空间配置，存取口固定，所以空间利用率较高。

8. 移动式货架

移动式货架系统是高密度存储的货架系统之一，该系统仅需要一条通道，空间利用率极高。

通过电机驱动承载台车，台车上放置横梁式货架，悬臂式货架等，变频调速，货架从启动到制动都极其平稳，安全性得到保证。移动式货架根据轨道形式分为有轨式和无轨式两种，如图 3.15、图 3.16 所示。在能实现连续存放货物的密集仓储货架中，移动式货架是唯一能实现任意货位存取的货架类型，故十分适合出入库频率低、存储密度高但库存品种繁多的客户使用，广泛用于档案馆、资料室、图书馆、药库、银行、冷库等场所。

图 3.15　有轨式移动式货架

图 3.16　无轨式移动式货架

　　移动密集柜已成为档案装具主导设备，它在固定档案柜上安装轴轮，使其沿地面上铺设的轨道直线移动的柜架组，可根据需要将多个柜架合拢或分开，分手动和电动两种类型。移动密集柜的优势在于将固定通道变为机动通道，使库房单位面积上的存储量大大增加，与传统存放模式相比，可节约 70% 以上的空间。

9. 穿梭式货架

　　穿梭式货架是驶入式货架的升级版，通过在货架深度方向设置穿梭车导轨，存货时只需要将货物放在导轨的最前端，导轨上的无线遥控穿梭车会自动承载托盘在导轨上运行，将其放置于导轨最深的货物处。取货时穿梭车会将托盘放置于导轨最前端，叉车取走即可。

　　叉车无须驶入货架内部，这克服了驶入式货架存取速度慢、货架系统稳定性差等缺点，存储的 SKU 的种类较驶入式货架实现倍数的增长，而且穿梭车具有盘点库存的能力，如图 3.17 所示。

图 3.17　穿梭式货架

穿梭式货架集合了多种密集化仓储货架的优点，比驶入式货架的叉车操作要求低，比重力式货架的存储率高，比移动式货架的效率高，可以实现货物在货架内的自动运输，适应性良好，多数密集仓储问题都可以解决，并且可根据实际情况灵活地选择先进先出或先进后出功能，适用于大批量、少品种货物的存储，如食品、饮料、冷藏等行业。天津大洋冷库大量使用了穿梭式货架，实现了功能性与经济性的良好结合，广州中远物流公司同样使用了这种新兴的货架。

第三节　自动分拣系统

Section 3　Automatic Sorting System

自动分拣系统是仓库物料搬运系统的一个重要分支，广泛应用于各个行业的生产物流系统或物流配送中心。自动分拣系统是对物品进行自动分类的关键设备之一。

一、自动分拣系统的构成

自动分拣系统一般由控制装置、分类装置、输送装置及分拣道口组成。

（1）控制装置的作用是识别、接收和处理分拣信号，根据分拣信号的要求指示分类装置按商品品种、商品送达地点或货主的类别对商品进行自动分类。这些分拣需求可以通过不同方式，如条码扫描、色码扫描、键盘输入、重量检测、语音识别、高度检测及形状识别等，输入分拣控制系统中，根据对这些分拣信号的判断来决定某种商品该进入哪个分拣道口。

（2）分类装置的作用是根据控制装置发出的分拣指示，当具有相同分拣信号的商品经过该装置时，使其改变在输送装置上的运行方向从而进入其他输送机或进入分拣道口。分类装置的种类有很多，一般有推出式、浮出式、倾斜式和分支式几种。不同的装置对分拣货物的包装材料、包装重量、包装物底面的平滑程度等有不完全相同的要求。

（3）输送装置的主要组成部分是传送带或输送机，其主要作用是使待分拣商品通过控制装置、分类装置，到输送装置的两侧，一般要连接若干分拣道口，使分好类的商品滑下主输送机以便进行后续作业。

（4）分拣道口是已分拣商品脱离主输送机进入集货区域的通道，一般由钢带、皮带、滚筒等组成滑道，使商品从主输送装置滑向集货站台，在那里由工作人员将该道口的所有商品集中后，或入库储存，或组配装车并进行配送作业。

在市场应用方面，随着物流业的快速发展，特别是电商、快递等行业的业务爆发，以及人力成本的不断上升，自动分拣系统装备市场呈现爆炸式增长，用自动化的快速分拣技术取代大量的人工分拣，这不仅降低了人力成本，同时大幅提高了分拣作业的效率与准确率。除了电商、快递市场的需求大增，自动分拣系统应用的主要领域还包括烟草、医药、流通、食品、汽车等各个行业。例如，英特诺针对汽车领域推出零压力积放和24V的输送技术，凭借超低能耗和不会磨损轮胎等优势，在轮胎输送领域得到实际应用。在2018 亚洲国际物流技术与运输系统展览会现场，上海腾锦公司展示的重装吊挂系统在汽车零部件领域也有广泛应用。另外，随着家电家具等行业物流服务的升级，大件物流的自动化输送分拣技术升级也提上了日程，已有一些企业在此领域展开探索。

二、输送装置

1. 链板式输送机

链板式输送机又叫链板传送机，是一种利用循环往复的链条作为牵引动力，以金属板作为输送承载体的一种输送机械设备，如图3.18所示。链板式输送机适用于形状不规则物品的重载输送，如食品、包装、电子、汽车生产等。

图3.18 链板式输送机

2. 皮带式输送机

皮带式输送机是用输送带作为承载和牵引构件的输送机，如图3.19所示。皮带式输送机可水平输送，也可倾斜输送，倾斜的角度不大于15°。皮带式输送机是通过摩擦力带动货物运行的，因而比较适合输送小件零散的货物，常运用于物流中心或配送中心的拣选作业。皮带式输送机可用来输送各种规则或不规则形状的货物，用在要求精确定位或需要伸缩的场合。

图 3.19 皮带式输送机

3．滚筒输送机

滚筒输送机适用于单元货物的连续输送、积存、分拣，可沿水平或曲线路径进行输送，其结构简单，安装、使用、维修方便，不规则的物品可放在托盘或托板上进行输送，如图 3.20 所示。滚筒输送机主要由传动滚筒、机架、支架、驱动部等部分组成，结构形式多样。滚筒式输送机按驱动方式可分为动力滚筒线和无动力滚筒线。按布置形式，滚筒输送机可分为水平输送滚筒线、倾斜输送滚筒线和转弯输送滚筒线，主要应用于电子、饮料、食品、轻工、烟草、化工、医药等行业。除此之外，滚筒输送机还可应用于包装、机械、橡塑、汽摩、物流等行业。

图 3.20 滚筒输送机

4．螺旋输送机

从输送物料位移方向的角度划分，螺旋输送机可分为水平式螺旋输送机和垂直式螺旋输送机两大类型；根据输送物料的特性要求和结构的不同，螺旋输送机有水平螺旋输送机、垂直螺旋输送机、可弯曲螺旋输送机、螺旋管输送机，其适用范围广，如建材、化工、电力、冶金、煤矿炭、粮食、物流等行业。螺旋输送机如图 3.21 所示。

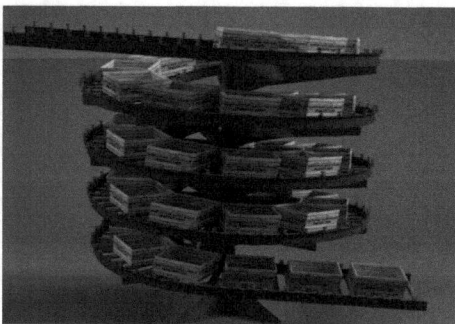

图 3.21　螺旋输送机

5．连续式垂直输送机

连续式垂直输送机主要用于物品在多个楼层的进出，实现两点之间的单纯连续搬运，是帮助物品突破不同楼层之间的限制，实现物品快速的上下运输和优化高层物流中心运转效率的关键，如图 3.22 所示。应用实例有京东商城、唐狮服饰等。

图 3.22　连续式垂直输送机

6．悬挂式输送机

悬挂式输送机可以自由地选择输送线路，能有效地利用空间、节省人力、提高工作效率，主要由链条、轨道、吊具、支架、传动座和调整座等组件组成，悬挂式输送机如图 3.23 所示。悬挂式输送机分为分提式、推式和拖式三种。悬挂输送链适用于工厂的烤漆、金属涂装、生产组装线上，如家具厂、自行车厂、电子厂、电镀厂、五金厂、牛皮制品厂、汽车厂等。

图 3.23　悬挂式输送机

7. Celluveyor 智能传送带

Celluveyor 是一款模块化的万向细胞传送带，它基于蜂窝输送技术、小型六角形模块，包含专门设置的全方位轮子，可以实现选择性单独控制，使得物流操作人员能在任何轨道上同时并独立地移动和定位多个物品。

一般机器人输送系统如果达到满负荷，只能使用第二台机器人来替补，而 Celluveyor 只需要通过增减模块，就可以适应不同的运送量。它能轻松应对输送物料吞吐量的大小，方便有效地控制吞吐量，非常适用于智能仓库和装配线，助力物流系统的完善。Celluveyor 智能传送带输送的对象可以是多种形状和尺寸的，只需要它们拥有平坦的接触表面即可，如图 3.24 所示。

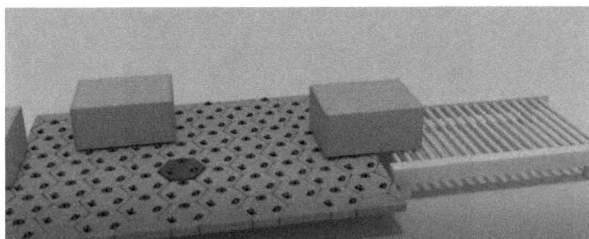

图 3.24　Celluveyor 智能传送带

三、分类装置

1. 交叉带式分拣机

交叉带式分拣系统由主驱动带式输送机和载有小型带式输送机的台车（以下简称"小车"）连接在一起，当小车移动到规定的分拣位置时，转动皮带，完成将商品分拣送出的任务。因为主驱动带式输送机与"小车"上的带式输送机呈交叉状，故称交叉带式分拣机。其特点为分拣动作轻柔、分拣准确，具有最高的分拣处理能力，适用于各类物品尺寸。交叉带式分拣机如图 3.25 所示。

图 3.25　交叉带式分拣机

交叉带式分拣机采用传统机械式设计，原理简单。其优点是在订单量大的时候，分拣效率足够高，所以受到电商、快递客户青睐，成为近年来分拣设备中的主流。但该产品也有缺点：占地面积大，并且对地面的平整度要求较高；造价成本高，输送模块易损坏，维修成本也较高。目前这方面的主要的国外供应商有 FKI、范德兰德、Cinetic、德国伯曼机械、英特诺等，国内供应商有普天及上海邮通。

2．滑块式分拣机

滑块式分拣机的滑块平时停止在输送机的侧边，滑块的下部有销子与条板下导向杆联结，通过计算机控制，当被分拣的货物到达指定道口时，控制器使导向滑块有序地自动向输送机的对面一侧滑动，把货物推入分拣道口，商品从而被引出主输送机。这种方式是将商品侧向逐渐推出，不会冲击商品，故商品不容易损伤。滑块式分拣机也是在快递行业应用非常多的一种分拣机，如图 3.26 所示。滑块式分拣机是一种非常可靠的分拣机，故障率非常低，在大的配送中心，如 UPS 的路易斯维尔，就使用了大量的滑块式分拣机来完成预分拣及最终分拣。滑块式分拣机可以多台交叉重叠起来使用，以弥补单一滑块式分拣机无法达到分拣能力要求的不足。

图 3.26　滑块式分拣机

3．翻盘式分拣机

翻盘式分拣机是通过托盘倾翻的方式将包裹分拣出去的，该分拣机在快递行业也有应用，但是在机场行李分拣领域应用更多，如图 3.27 所示。分拣速度最高可以达到 12 000 件每小时，标准翻盘式分拣机由木托盘、倾翻装置、底部框架组成，倾翻分为机械倾翻及电动倾翻两种。供应商主要有 FKI、范德兰德、德国伯曼机械等。

图 3.27　翻盘式分拣机

4．智能分拣机器人

智能分拣机器人的外观与扫地机器人相似，顶部托盘（黄色）可自动翻转，工作起来尤为灵敏、迅速，如图 3.28 所示。它主要针对长度不超过 60 厘米，宽度不超过 50 厘米，重量在 5 千克以下的小件包裹，集扫码、称重、分拣功能于一身。

图 3.28　智能分拣机器人

　　智能分拣机器人能够实现快递面单信息识别，当派件员将包裹放在"小黄人"的托盘上后，"小黄人"会在一秒内扫码读取目的地信息，后台会分析生成最优路线并传递给它。每次扫码时间在 1 秒以内，运行速度可达到 3 米/秒，每小时可完成 18 000 件分拣。

　　智能分拣机器人的工作流程：派件员将包裹放在"小黄人"的托盘上后，"小黄人"扫码读取目的地信息，相机读码功能和电子秤称重功能识别快递面单信息，完成包裹的扫码和称重，并且根据包裹目的地规划出机器人的最优运行路径，调度机器人进行包裹分拣投递，后台分析生成最优路线后传递给它。每个"小黄人"都配有红外线和超声波避障系统，在分拣途中，要是遇上"堵车"情况，它们会自动停下来，还会自动改换并选择更加便捷的路线。同时，机器人自带超声波避障检测、急停按钮等多级安全防护，所以不会发生"交通事故"。在最终到达目的地后，黄色托盘掀起，包裹顺势滑落到下层的收件区。图 3.29 所示为智能分拣机器人的工作场景。

图 3.29　智能分拣机器人的工作场景

第四节　自动化立体仓库

Section 4　Automated Stereoscopic Warehouse

　　自动化立体仓库的主体由货架、巷道堆垛机、入（出）库工作台和自动运进（出）及操作控制系统组成。货架是钢结构或钢筋混凝土结构的建筑物或结构体，货架内是标准尺寸的货位空间，巷道堆垛机穿行于货架之间的巷道中，完成存、取货的工作采用 WCS 自动控制系统进行控制。

一、自动化立体仓库的组成

1．货架

如图 3.30 所示，货架是用于存储货物的钢结构，主要有焊接式货架和组合式货架两种基本形式。

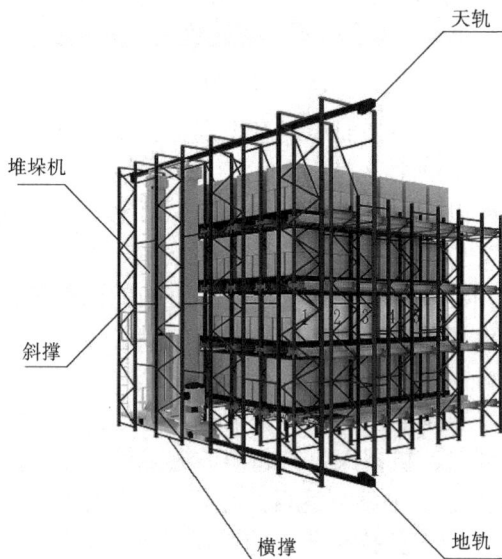

图 3.30　货架

2．托盘（货箱）

如图 3.31 所示，托盘是用于承载货物的器具，也称工位器具。

图 3.31　托盘

3．巷道堆垛机

如图 3.32 所示，巷道堆垛机是用于自动存取货物的设备。按结构形式分为单立柱和双立柱两种基本形式；按服务方式分为直道、弯道和转移车三种基本形式。

图 3.32　巷道堆垛机

4. 输送机系统

如图 3.33 所示，输送机系统是自动化立体仓库的主要外围设备，负责将货物运送到堆垛机或从堆垛机处将货物移走。输送机的种类非常多，常见的有辊道输送机、链条输送机、升降台、分配车、提升机、皮带机等。

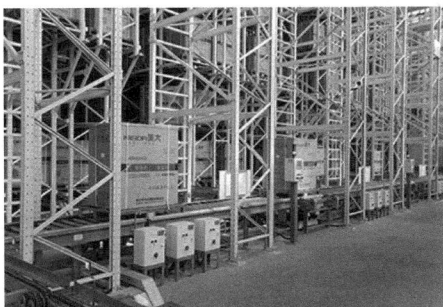

图 3.33　输送机系统

5. AGV 系统

AGV 系统即自动导向小车，根据其导向方式分为感应式导向小车和激光导向小车，如图 3.34 所示。

图 3.34　AGV 系统

6. WCS 自动控制系统

WCS 自动控制系统是驱动自动化立体仓库系统各设备的自动控制系统，以采用现场总线方式为控制模式为主，如图 3.35 所示。

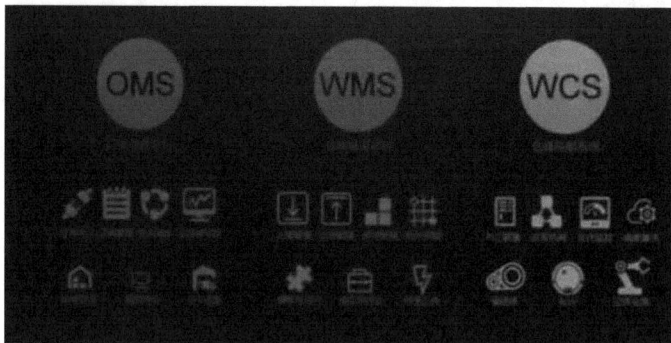

图 3.35　WCS 自动控制系统

7. WMS 信息管理系统

WMS 信息管理系统是全自动化立体仓库系统的核心，可以与其他系统（如 ERP 系统等）联网或集成。

二、自动化立体仓库的优势

1. 提高空间利用率

自动化立体仓库充分利用了仓库的垂直空间，单位面积的存储量远大于传统仓库。此外，传统仓库必须将物品归类存放，导致大量空间闲置，而自动化立体仓库可以随机存储，任意货物存放于任意空仓内，由系统自动记录准确位置，从而大大提高了空间利用率。

2. 实现物料先进先出

由于空间限制，传统仓库将物料码放堆砌，常常是先进后出，导致物料积压浪费。自动化立体仓库能够自动绑定每票物料的入库时间，实现物料先进先出。

3. 智能作业账实同步

传统仓库的管理涉及大量的单据传递，并且很多数据由手工录入，流程冗杂且容易出错。自动化立体仓库管理系统在与 ERP 系统对接后，从生产计划的制订到下达货物的出入库指令，可实现全流程自动化作业，并且系统自动过账，保证了信息的准确及时，避免了账实不同步的问题。

4. 满足货物对环境的要求

与传统仓库相比，自动化立体仓库能较好地满足特殊仓储环境的需要，如避光、低温、有毒等特殊环境，保证货品在整个仓储过程的安全性，提高了作业质量。

5. 可追溯

通过条码技术等，自动化立体仓库能准确跟踪货物的流向，使货物流向可追溯。

6. 节省人力资源成本

在自动化立体仓库内，各类自动化设备代替了大量的人工作业，大大降低了人力资源成本。

7. 及时处理呆滞物料

部分物料由于技改或产品过时变成了呆滞物料，忘记入账变成了死料，不能及时清理，既占用库存货位，又占用资金。自动化立体仓库系统在物料入库时自动建账，不产生死料，可以搜索一定时期内未进行操作的物料，及时处理呆滞物料。

第五节　智慧仓储"黑科技"

Section 5　"Black Technology" of Intelligent Storage

一、智能仓储机器人

（一）智能仓储机器人的概念

智能仓储机器人是指应用在仓储环节，可通过接受指令或系统预先设置的程序自动执行货物转移、搬运等操作的机器装置，如图 3.36 所示。智能仓储机器人在传统 AGV的基础上进行改良和升级，其性能更加良好，支持更多种更先进的导航方式，如二维码导航、激光导航、SLAM 导航等。特别是 SLAM 导航可以实现完全无轨、路径自由，大大提升了智能仓储机器人的灵活性。除此之外，智能仓储机器人还有强大的后台系统支持，并且支持多机器人配合作业、路径规划、自主导航，无须人工干预即可完成自动拣选、搬运、分拣等仓库作业。

图 3.36　智能仓储机器人

（二）智能仓储机器人的特点

1．系统优势明显

（1）项目实施速度非常快，交付周期短。通常 3 个月内即可完成项目部署，现场安装调试简单。这对于电商等业务发展较快的行业来说是巨大的优势。

（2）系统灵活性强。智能仓储机器人系统可根据业务需要随时增减机器人的用量，实现系统的灵活部署与扩展，货架布局同样可以根据商品拣选频率实现灵活调整。

（3）投资低、回报周期短。人工成本及管理成本的大幅降低使得整个项目投资回报期较传统自动化项目更短。

2．解决方案多样化

（1）Kiva 机器人"货到人"解决方案。这种机器人解决方案是目前供应商最多、应用最多、最为主流的解决方案，即机器人将订单商品从所在货架运送至拣选站，由机器人代替人工操作在仓库中拣货。这不仅大大节省了人力，同时可有效提高效率和准确率。

但是，机器人需要潜入货架底部，因此该方案对机器人的导航精准度要求较高。

（2）"订单到人"解决方案。Kiva 机器人自推出后，因搬运能耗高而受到业界的诟病，"为了喝一口牛奶，把整只奶牛搬过来了"是对这种问题的形象阐述。为了提升商品搬运的精准度、节约运力、减少无效物流，需要仓储机器人能够搬运更小的库存单元而不是整个货架，从而进一步提高系统效率，降低运营成本。

因此，在 Kiva 机器人之后，国内外出现了以货箱或订单箱为运载单位的"货到人"或"订单到人"的仓储机器人解决方案，即货架固定，由机器人替代作业人员进行长距离行走，拣选人员在一定区域内作业。

（3）其他组合解决方案。如 Star 系统拣选解决方案。2017 年，该系统因获得世界五百强办公文具巨头史泰博公司（Staples，Kiva 的第一个用户）的大额国际订单而备受行业关注。新一代仓储机器人解决方案 Star 系统主要面向 SKU 数量大的整进零出仓库，根据货物被拣频率对仓库进行智能分区，采用"人到货"+"货到人"的方式，"动静结合"履行订单拣选流程，在商品搬运效率、机器人存取效率、系统拣选效率等方面均优于 Kiva 系统，能广泛适应现代仓库的拣选需求，如图 3.37 所示。目前，Star 系统在 Staples 的仓库中已经完全实现了对 Kiva 系统的升级替代，将在 Staples 全美超过 50 个仓库陆续上线。

图 3.37　Star 系统拣选场景

（三）几种代表性新型智能仓储机器人

1. 京东飞马机器人

飞马机器人系统由京东集团 X 事业部美国硅谷与北京的研发团队合力打造。京东飞马机器人采用 SLAM 导航，可以实现无轨自主移动，最高速度可达到 3 米/秒，如图 3.38 所示。

该系统的具体作业流程为：在接到拣选任务后，飞马机器人按照仓库布局自动规划最优路径，前往目标商品区域；拣货员根据指令将货品放置在机器人自带的货筐内；飞马机器人按照系统指示将货筐送至传输带，并且继续执行下一次任务。为了保证系统的高效流畅运行，飞马后台系统可以进行大量的机器人的实时调度，还可以实现任务动态分配，提高拣选效率。从实际效果来看，采用飞马机器人系统可以节省作业人员 40%左右的行走距离。该系统应用于京东"亚洲一号"仓库，适用于中、小件仓的入库上架、拣选、合流及搬运场景。

图 3.38 京东飞马机器人

目前，很多仓储机器人已经具备了人员跟随、障碍闪避等功能，飞马机器人也能够根据实际拣选需求实现"车随人走"，并且不需要人工佩戴跟踪设备，而是通过应用飞马机器人系统对跟随人员进行视觉识别，实现机器人的"实时响应"。

2. Star 系统

Star 系统是基于 GRACE 平台开发出的一套完整的创新物流解决方案，可同时调度超过 1 200 台机器人高效运行，实现系统自动对接、订单需求分析、最优任务指派、路径规划等功能。

Star 系统由 Cart AGV、Picking AGV 两款机器人及相关控制软件组成，Picking AGV 是典型的"订单到人"解决方案，一个 Picking AGV 一次可以搬运五个货箱，如图 3.39 所示。经实际运行效果测算，它的综合效率（包括单车效率、站台拣货效率、坪效）较 Kiva 机器人有显著提升，同等拣货效率下的系统整体运营成本更低，并且仓库面积越大，效果越明显。

图 3.39 Star 系统中的 Picking AGV

3. S20 机器人

S20 机器人是 Geek+ 针对自动分拣场景打造的国内首款不需要钢平台的分拣产品，可节省 30%～40%的成本，如图 3.40 所示。

S20 机器人本体搭配较高的辊道载具，可直接将包裹传送到笼车之中。

该系统非常灵活，既可助力人工分拣效率提升，也可作为全自动化分拣系统实施，同时，进一步降低了智能仓储机器人的部署实施难度，减少工程量及成本，并且标准化程度高，施工周期短，20 天即可完成整套系统的上线。

图 3.40　S20 机器人

4．快仓智能分拣机器人

快仓智能分拣机器人分为大皮带和小皮带两种，可以实现边走边投，满足大小包裹的快速、高效的分拣需求。

据快仓市场部总监介绍，与交叉带式分拣机相比，快仓智能分拣机器人系统解决方案具有实施周期短、改造成本低、高灵活性、可扩充等特点，通过以人工智能算法为核心的智能调度及路径规划，可同时调度近千台机器人，其处理能力每小时最高可以达到 1.5 万件。快仓智能分拣机器人如图 3.41 所示。

图 3.41　快仓智能分拣机器人

目前，该方案已经在某快递邮件分拣中心实现了落地使用，处理的邮件类型覆盖鞋服、食品、体育用品（分类标准不同）等，分拣效率可达到 1.2 万件每小时。主要流程为：包裹经输送线进入分拣区，由快仓小型皮带机器人自动接收包裹，经扫描称重机获取信息，并且按照指令将包裹投入指定笼车，再由小型搬运机器人将满载的笼车送到封包区/总包供包区。基于良好的应用效果，未来该物流中心还将进一步扩大机器人的应用规模。

📚 案例

让仓储机器人"爬货架"，打造全自动化仓储系统

来自 Tractica 的研究数据显示，至 2021 年，全球仓储和物流机器人的市场规模将达到 224 亿美元，行业整体的发展空间广阔。仓储机器人在提高货物运转效率、降低人力成本方面的效果显著。

法国机器人创业公司 Exotec Solutions 于 2018 年获得 B 轮 1 770 万美元融资，Iris

Capital 领投，现有投资者 360 Capital Partners 和 Breega 参与。Exotec 致力于通过三维移动机器人和配套设施，为电商和零售行业打造全自动化的仓储系统。整个自动化仓储系统由三个主要模块组成：仓储机器人 Skypod、货架、站点，如图 3.42 所示。

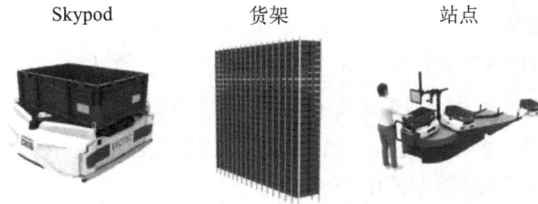

图 3.42　自动化仓储系统

Skypod 是仓储系统的"运输员"，可以负载 30 千克的重量，除了可以在地面移动，还可以攀爬货架，并且从其中的某一层中取出货物进行搬运。Skypod 将取到的货物运送到固定站点，工作人员取走货物，Skypod 返回继续搬运。货架中的货物存放在高度 20~30 厘米的标准盒子中，货架高度可高达 10 米，如图 3.43 所示。

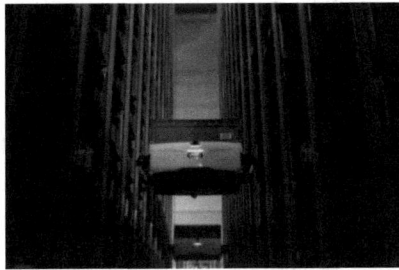

图 3.43　仓储机器人"爬货架"

Skypod 通过 Wi-Fi 通信，支持 1 000 台组网。客户可以根据仓储规模和搬运频次，灵活扩充机器人和货架数量。Exotec 联合创始人兼首席技术官 Renaud Heitz 表示："我们借助 AI 和数据运算使我们的产品非常灵活，我们的系统可以和客户一起成长。如果订单增加 15%，我们可以轻松地将15%的机器人添加到现有的系统中。"整套自动化仓储系统如图 3.44 所示。

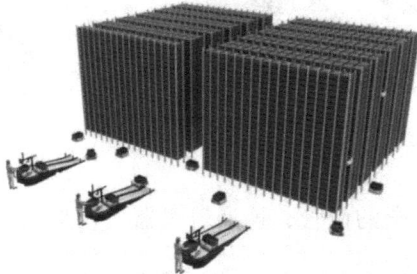

图 3.44　整套自动化仓储系统

（资料来源：http://www.aihot.net/）

讨论：

为什么说自动化仓储系统可以和客户一起成长？

二、无人仓

无人仓作为自动化仓储系统的发展方向和目标，有很长一段时间都停留在概念阶段，而随着京东和菜鸟网络的大力投入，无人仓技术取得了重大突破，正式进入落地实施阶段。事实上，无人仓里的大部分物流技术设备早就开始应用，并非无人仓专属或为其专门研发的，而是基于已有的物流设备、物流软件及系统的功能增强、拓展或补充得来的。

无人仓所需技术主要包括以下几个方面。

1．自动化立体仓库（AS/RS 系统）

一套集存储和拣选功能于一体的自动化立体仓库是无人仓的主要组成部分，可以进行自动存取和拣货。

目前，以 Miniload（箱式自动化立体仓库）、多层穿梭车技术为代表的"货到人"（包括机器人）技术是最高效、成熟的自动化立体仓储解决方案。多层穿梭车又分为单通道作业的单向穿梭车系统和可以多通道同时作业的四向穿梭车系统。由于可以跨通道作业，解决作业节奏不均衡等问题，四向穿梭车系统的应用越来越广泛。

2．机器人

在无人仓中，各种类型、功能的机器人将取代人工成为主角，如 AGV 自动搬运机器人、码垛机器人、拣选机器人、包装机器人等。就连自动化立体仓库中的穿梭车也可以看作搬运机器人的一种。

这些机器人以最高的效率昼夜不歇地在无人仓内作业，完成货物搬运、拣选、包装等工作。其因自动化程度高、实施周期短、灵活性强等特点，成为越来越多无人仓自动化仓储解决方案的选择。对于替代人工作业效果最为显著的无人仓机器人，也得到越来越广泛的应用，如图 3.45 所示。

图 3.45　无人仓机器人

3．输送系统

输送系统如同整个无人仓的血管，连通着机器人、自动化立体仓库等物流系统，实现货物的高效自动搬运。

相比较自动化立体仓库和机器人系统而言，输送系统技术更趋成熟。只不过在无人仓里，输送系统需要跟拣选机器人、码垛机器人等进行有效的配合，同时为了保证作业的准确性，输送线也需要配备更多的自动检测、识别、感知技术设施。除此之外，还有输送线两侧的开箱、打包机器人等，这些新增加的智能设备都需要与输送系统进行有效的衔接和配合，如图 3.46 所示。

图 3.46　输送系统

4．人工智能算法与数据感知技术

这是无人仓的大脑与神经系统。机器人之间、机器人与整个物流系统之间、机器人与工人之间的紧密配合、协同作业，都必须依靠功能强大的软件系统操纵与指挥。

其中，数据感知技术和人工智能算法是重中之重。在无人仓模式下，数据将是所有动作发生的依据。数据感知技术如同机器的"眼睛"，通过将所有的商品、设备等信息进行采集和识别，并且迅速将这些信息转化为准确有效的数据上传至系统，系统再通过人工智能算法、机器学习等生成决策和指令，指导各种设备自动完成物流作业。

基于数据的人工智能算法需要在货物的入库、上架、拣选、补货、出库等各个环节中发挥作用，同时要随着业务量及业务模式的变化不断调整优化作业。因此，算法是无人仓技术的核心与灵魂所在。

尽管无人仓的实现在诸多方面还存在技术难点需要克服，但很多人相信无人仓将成为行业发展的必然趋势。从几大电商的动作不难看出，无人仓已不再是纸上谈兵的空想，而是逐渐走出实验室开始落地实施的战略计划。无人仓技术将迎来快速发展，未来虽远，但终会来临。

三、增强现实技术

（一）增强现实的概念

增强现实（Augmented Reality，AR）就是通过为真实的环境增加一层计算机生成的信息，从而对物理现实进行信息的扩展。

增强现实技术不仅是一个简单的显示技术，也是一种人机互动的新形式。它为你看到的所有实物增加额外的有价值的信息，将真实世界的信息和虚拟世界的信息"无缝"集成，目标是在屏幕上实现虚拟世界与现实世界的互动。

增强现实技术包含了多媒体、三维建模、实时视频显示及控制、多传感器融合、实时跟踪及注册、场景融合等新技术与新手段。它不仅展现了真实世界的信息，而且将虚拟的信息显示出来，两种信息相互补充、叠加。

用户利用头盔显示器或 AR 眼镜，把真实世界与电脑图形多重合成在一起，便可以围绕着它看到真实的世界；将虚拟的信息应用到现实世界，被人类感官所感知，从而达到超越现实的感官体验。

应用举例：小明的车在上班途中发生了故障，以前他只能打救援电话，并且等待救援。但有了 AR 技术之后，小明只要戴上 AR 眼镜，启动汽车修理程序，然后把眼镜对准了汽车，AR 眼镜一边检查汽车，一边告诉小明应该如何来行动。小明用 10 分钟就让汽车重新启动了，这就是增强现实技术，如图 3.47 所示。

Foodtracer 是这一类 AR 应用的典型产品，特别适合对某些食物过敏或特别在意食材营养含量的人群。当把手机镜头对准各种食材时，屏幕会自动显示各种食材大致的成分和含量、过敏原信息等，如图 3.48 所示。

图 3.47　用 AR 技术辅助修理汽车　　　　图 3.48　Foodtracer 应用

（二）增强现实技术在物流中的应用

物流行业的关键点在于仓（仓储）、干（干线运输）、配（终端配送）、网（物流网络）的四位一体。以下从这四个方面对 AR 技术在物流行业中的应用进行分析。

1. AR 技术在仓储中的应用

随着科技的不断变化，以及市场环境的不断变动，仓库需要持续地做一些规划方面的改进，以满足商业的需求。我们习惯了用 CAD 或 Sketchup 来设计仓库，但它们效率低，而且有时候设计的东西在仓库里会摆放不下。在 AR 技术的帮助下，AR 工程师带着相关设备在仓库里面直接进行布局的调整，调整结束后可直接形成三维仓库模拟图纸，仓库的设计效率会有极大的提升。

在仓库作业中，最难的点在于拣货和复核。因此，我们可以在拣货作业中看到很多技术的应用，拣货的技术从按纸质拣货单拣货、用无线射频枪拣货、电子标签拣货、语音拣货，AR 技术的使用使目光拣货成为可能，同时解决了语音拣货中因口音问题而不能成功拣货的困难。

AR 技术通过箭头导航到相应的拣选货位，然后准确显示需要拣选的数量，在完成拣选后确认完成拣货，使工作流程变得很简单。AR 技术使拣选的效率大大提升，使拣选的错误率大大降低，如图 3.49 所示。

图 3.49　AR 技术在仓储中的应用

2．AR 技术在干线运输中的应用

运输装载过程需要两个重要的决策，一是运输的配载，二是根据运输的线路决定装载的先后次序。AR 技术和后台运算可以优化运输的配载和装载的先后顺序。

在待装载区域有很多货物，AR 技术可以帮助装卸人员确定货物应该装载至哪辆卡车中，同时能够帮助装卸人员决定托盘装载的先后，这样可以提高人员的装卸效率和准确率。

3．AR 技术在终端配送中的应用

在运输过程中，通过 AR 技术实现司机的行进路线及配送路线的优化，实时显示路况，并且能够为司机导航。

快递员每次从几百个包裹中寻找一个送达点的包裹，都会让人觉得困难重重。有了 AR 技术，只需要戴着 AR 眼镜，通过包裹中的标签，用 AR 技术去识别哪个包裹属于该送达点，这可以提高快递员的配送效率。

4．AR 技术在物流网络中的应用

当 AR 技术应用到物流网络中后，眼镜上的摄像头可以不间断地扫描所有可见的二维码或条码，并且以 3D 图层的方式显示其信息。

例如，这是什么货物、什么时间入库的、最终要送到什么地方去、急需程度有多高等。所有图层的前后显示位置均可以由眼镜佩戴者调整。

四、AR 技术赋能教学之仓储规划与设计

（一）AR 智慧仓储规划平台介绍

为了让仓储规划与设计的学习过程更加灵活、更具展示性、效果更突出，络捷斯特引入国内最前沿的 AR 交互技术和多屏互动技术，研发出一套匹配仓储规划系统的新产品——AR 智慧仓储规划平台，将 2D 的仓储设计进行实时 3D 还原，并且增强了交互设计。

该系统主要有以下三个部分。

1．虚拟仿真交互触控台

虚拟仿真交互触控台运用 AR 技术，由虚拟现实引擎、感知识别模块、AR 模块、触摸交互系统和信息处理系统等核心部分组成，打破常规教学中使用鼠标键盘等传统且复杂的操作方式，而使用手势触控或令牌识别交互完成操作，提升教学的趣味性和便捷性，如图 3.50 所示。

图 3.50　虚拟仿真交互触控台

2. 仓储规划系统

仓储规划系统以仓储布局规划和设计学习为目标，运用 B/S 架构进行研发，学生可依据需求运用该系统完成平面的仓库规划设计，包括仓库中区域设计、货架设备设计和作业动线设计等。设计完成，系统根据各个环节中学生的真实布局情况，给出布局成绩，使学生及时了解自己所设计仓库的作业效率。保存自己设计的仓储布局平面图，系统会自动上传至服务器，以供教师进行查看或使用 AR 智慧仓储规划平台进行三维仿真还原，促进师生之间关于设计的教学互动，如图 3.51 所示。

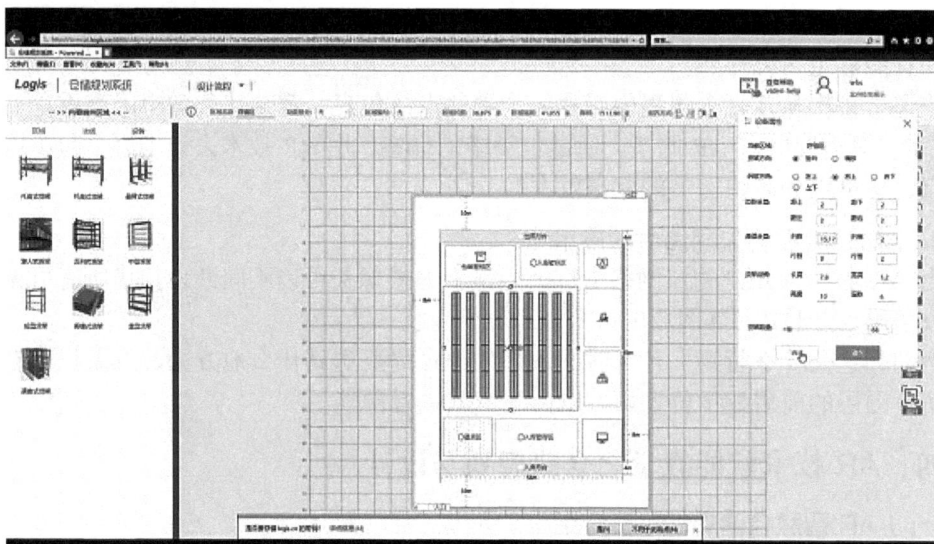

图 3.51　仓储规划系统

3. AR 智慧仓储规划平台

基于虚拟仿真交互触控台所研发的 AR 智慧仓储规划平台能够将 2D 平面仓储设计图按照实际尺寸，1∶1 还原成逼真的 3D 仓库，并且具备设计结果实时评价功能，使得仓储布局的结果不再是一张图纸，而是一个逼真的、可交互并自由浏览的三维仓库。该产品可以满足教学中的仓储规划平面图绘制的需求，进行仓储区域设计、货架货位设计、作业动线设计、设计效果评估，不仅可以将绘制好的平面图实时三维还原，而且能以第一视角在设计完成的仓库中进行漫游和修改编辑，便于教师在课堂上讲授仓储布局规划的内容，最大化地满足仓储教学课堂中的各种需求，如图 3.52 所示。

图 3.52　AR 智慧仓储规划平台

（二）AR 智慧仓储规划平台的优点

1．实时设计建模

实时设计、实时建模，将 2D 平面仓库设计图 1∶1 还原为真实 3D 仓库，在设计优化的过程中，实时评估设计规划的效果。

2．表现更加直观

打破了传统教学模式中只能从图纸中学习仓库布局知识的局限性，使学生能够在三维空间中更直观地感受仓储布局中晦涩难懂的知识点，获得更深刻的理解。

3．场景逼真还原

学生向教师提交设计方案，教师可以直接查看学生提交的项目数据，并且通过场景还原功能查看方案的真实布局情况，方便教师了解学生对于学习内容掌握的程度。

4．多个实用案例

产品内置多个来自企业的真实设计案例，供教师教学和学生学习使用，教师可对案例内容进行修改，以达到更好的教学目标。

5．简易人性化设计

使用触控屏幕的方式即可操作交互，实用且简易人性化的操作方式有助于学生更好地学习，教师更好地教学。

案例

AGV 穿行于货架间，实现了自动化的"货到人"

德国 STOROJET 公司研发了一款创新型的自动存储和拣选系统，也是世界上第一个自动化多层地板货架系统。该系统通过自动升降梯连接多层货架，仓储机器人能够以最节能的方式运输货物到订单拣选工作站。与常规拣选系统相比，该系统可以降低成本并减少 30%~80%的拣选时间。

STOROJET 系统由模块化搁架系统、存储机器人和拣选站及升降系统组成。

1．模块化搁架系统

模块化搁架系统可以根据搁板的底部区域灵活地设计和扩展，根据要存储的产品调节搁架系统的各个高度。自动货架系统的各个层面通过强大的电梯相互连接，允许小型拣货机器人在各层之间快速移动。模块化搁架系统如图 3.53 所示。

图 3.53 模块化搁架系统

2. 存储机器人

STOROJET 存储机器人大小与传统的机器人割草机相当，并且可以接管货物到人的自动流程。由中央系统通过 WLAN 协调，它们接收指令后，将相应的停放货物运输车运送到拣选站。存储机器人完全自由地行进并使用分布在货架系统的整个货架上的条码导航，如图 3.54 所示。

图 3.54　存储机器人

3. 拣选站

拣选站及整个货架系统可以单独适应客户的需求。除了直接相邻的工作站，还可以为订单拣货员设置 U 形的符合人体工程学的环，或者可以将复杂的分支形状通过仓库引导到物流状况良好的拣选站。

4. 升降系统

STOROJET 系统的每层隔架由一个类似"电梯"的升降系统连接。存储机器人依靠这个"电梯"连接每层隔架，如图 3.55 所示。

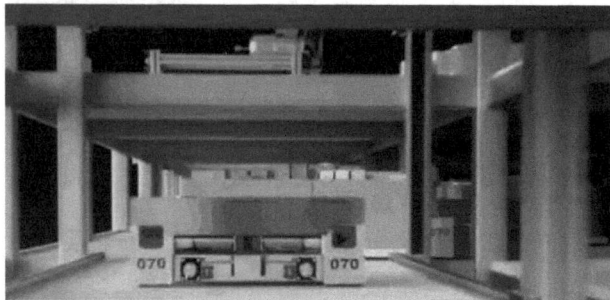

图 3.55　升降系统

STOROJET 系统最大的亮点在于高度灵活、可定制化。

模块化搁架系统可以根据搁板的底部区域灵活地设计和扩展，也可以根据要存储的产品调节搁架系统的各个高度；小型拣货机器人的大小、货物存储单元的大小都可以根据货物特殊性进行设计；货物运输车可根据客户要求单独设计。

STOROJET 系统与自动化立体仓库的区别：STOROJET 系统与自动化立体仓库一样，都是通过"密集货架+升降系统"运输货物的。不同的是，STOROJET 系统比自动化立体仓库的存储密度更高，货架之间还可调节高度与密度。自动化立体仓库通常是通过堆垛机/穿梭车存取货物，而 STOROJET 系统是通过存储机器人在货架之间穿梭运送货物的。

STOROJET 系统机器人与 KIVA 机器人的区别：从外观上看，STOROJET 系统机器人与 KIVA 机器人相似。虽然一个是半圆形状，一个是圆形，但移动方式一样，依靠条码/二维码导航系统，功能也一样，都是"货到人"。不同的地方在于，两种机器人的作业模式不同。KIVA 机器人是背着货架到拣选工作站由人来拣选货物，STOROJET 系统机器人不需要背着货架走，它穿行于各层货架之间，由中央系统通过 WLAN 协调接收订单指令，将相应的货物运送到拣选站，然后拣选站的人工通过灯光拣选系统支持，将货物扫描装箱即可。

综上，STOROJET 系统比 KIVA 系统节省空间且效率更高，因为机器人运输方式更为简单、快速，也比自动化立体仓库存储货物更效率，毕竟货架更密集且可调节。

（资料来源：http://www.logclub.com/）

讨论：

（1）STOROJET 系统与 KIVA 系统相比有哪些改进？

（2）从哪些地方对比可以得出 STOROJET 系统比自动化立体仓库更高效？

习题

一、填空题

1. _____可供叉车驶入通道存取货物，适用于品种少、批量大的货物储存。

2. _____系统由主驱动带式输送机和载有小型带式输送机的台车（简称小车）连接在一起，当小车移动到所规定的分拣位置时，转动皮带，完成把商品分拣送出的任务。

3. 自动化立体仓库的主体由货架、巷道堆垛机、入（出）库工作台和自动运进（出）及_____组成。

4. 与交叉带式分拣机相比，_____系统解决方案具有实施周期短、改造成本低、高灵活性、可扩充等特点。

5. 人工智能算法与_____是无人仓的大脑与神经系统。

二、简答题

1. 简述自动分拣系统都有哪些输送装置和分类装置。

2. 简述货架的种类及每种货架的应用范围。

3. 简述智能分拣机器人的工作流程。

三、判断题

1. 2017 年，仓储业固定投资额为 6 855.78 亿元，首次出现负增长，由此可以看出仓储业呈下滑趋势，部分仓储企业将面临洗牌和淘汰。（   ）

2. 在能实现连续存放货物的密集仓储货架中，重力式货架是唯一能实现任意货位存取的货架类型，故十分适合出入库频率低、存储密度高，但库存品种繁多的场所。（   ）

3. 自动分拣系统一般由控制装置、分类装置、输送装置及分拣道口组成。(　　　)

4. 无人仓充分利用了仓库的垂直空间,单位面积的存储量远大于传统仓库。无人仓还可以随机存储,让任意货物存放于任意空仓内,由系统自动记录准确位置,这大大提高了空间的利用率。(　　　)

5. 智能仓储机器人在传统 AGV 的基础上进行改良和升级,性能更加高效,支持更多种更先进的导航方式,比如二维码导航、激光导航、SLAM 导航等。(　　　)

第四章 | 装卸搬运设备

Chapter 4　Handling Equipment

知识目标

　　了解叉车的概念、分类、构成，了解起重机械的概念、分类、作用，了解最新的智能搬运设备，了解叉车及起重机械的维护保养，熟记叉车、起重机械、智能搬运设备的安全操作知识，掌握智能搬运设备的应用

🔍 引导案例

　　在搬运货物过程中或堆叠货物等很多场所中都会用到叉车，那么到底什么是叉车呢？叉车是用来将成件的托盘货物进行装卸、堆叠、短距离搬运（注意是短距离搬运，因为叉车的行驶速度很慢）或重型物品进行搬运的工业车辆，是一种能把水平运输和垂直升降有效结合起来的装卸机械，有装卸、起重及运输等综合功能，具有工作效率高、操作使用方便、机动灵活等优点。叉车的作用很大，用途也特别广泛。

　　叉车的使用优势主要有以下几点。

　　（1）提高物资作业效率，降低人员劳动强度，改善劳动条件；节约劳动力，提高劳动生产率。据国外对叉车使用的经济效益分析，一台叉车可以代替 8~15 个装卸工人的体力劳动。叉车在作业时，仅依靠驾驶员的操作就能够使货物的装卸、堆垛、搬运等作业过程机械化，而无须装卸工人进行辅助劳动，这不但保证了安全生产，而且占用的劳动力大大减少，劳动强度大大降低，作业效率大大提高，经济效益十分显著。

　　（2）缩短作业时间，加快物资周转速度，从而提高了车船的利用率及生产效率。

　　（3）充分利用了空间，节省了库房面积。在使用叉车作业时，货物可以堆得更高，可达到 10 米以上，库房容积利用率可增加数倍。

　　（4）采用托盘和集装箱盛装货物，使货物包装简化，节省包装费用，降低装卸成本，提高作业效率和货物的安全性。

　　（5）采用叉车作业，可解除笨重的体力劳动，减少货损与人员工伤事故，提高作业的安全度。

　　（6）叉车作业可减少货物破损，实现安全装卸。

　　叉车的标准化和通用性很高，广泛应用于厂矿、仓库、车站、港口、机场、货场、流通中心和配送中心等场所，并且可进入船舱、车厢和集装箱内，对成件、包装件及托盘、集装箱等集装件进行装卸、堆码、拆垛、短途搬运等作业，是物料搬运的主力军。

　　叉车的主要工作属具是货叉，在换装其他工作属具后，还可以用于对散堆货物、

非包装货物、大件货物等进行装卸作业及对其进行短距离搬运作业。叉车的用途非常广泛，它不仅广泛应用于公路运输、铁路运输、水路运输各部门，而且在物资储运、邮政及军事等部门有应用。

叉车在物流系统中扮演着非常重要的角色，被广泛应用于车站、港口、机场、工厂、仓库等国民经济的各个部门。第二次世界大战期间，叉车得到发展。中国从 20 世纪 50 年代初开始制造叉车。特别是随着中国经济的快速发展，大部分企业的物料搬运已经脱离了原始的人工搬运，取而代之的是以叉车为主的机械化搬运。因此，在过去相当长的一段时间里，中国叉车市场的需求量每年都以两位数的速度增长。

近年来，受工厂智能化、人力成本上涨等外部因素的影响，依靠人力搬运的传统物流作业环节开始出现由机械化向自动化、智能化转型的趋势，其中一个明显的表现是工厂内部物流、仓储物流对柔性化程度较高的自动化搬运设备的需求增长迅速。其中，无人驾驶叉车（AGV 叉车）就是目前十分热门的一类产品。据了解，在仓储无人化技术备受关注的今天，叉车智能化已是重要的市场需求。托盘化标准单元货物搬运作为主流的物料搬运模式，对其进行自动化、智能化升级是客户最为迫切的物流效率及成本优化的需求之一。目前，相当一部分叉车企业都认为智能化叉车技术正在迎来发展窗口期。2015 年，以林德、永恒力为代表的外资叉车品牌企业率先在国内物流行业展会上展示了以 AGV 叉车产品为核心的无人搬运系统，引起了广泛关注。在随后的几年中，越来越多的叉车企业推出了此类产品。据上海诺力智能科技有限公司总经理朱宝昌介绍，AGV 叉车是在叉车上加载各种导引技术，构建地图算法，辅以避障安全技术，实现叉车的无人化作业。无人化叉车与智能化叉车的主要区别在于前者是实现无人化操作，而后者则具有人工智能技术的特征。对于叉车智能化技术，林德（中国）系统解决方案经理高忠鉴给出了更为明确的解释。他指出，叉车智能化技术是将新能源、数字化和自动化等先进技术应用于传统叉车，以提高驾驶安全、提高工作效率和降低保养维修费用等运营费用，实现更加全面、准确的数据采集和分析应用，进而实现与其他物流设备、仓储设备之间的互联，从单一产品走向系统化应用，实现整体优化。朱宝昌认为，与传统叉车相比，智能化叉车主要有四个方面的关键技术和应用优势：一是叉车的感知技术，如车载超高频 RFID 读写技术，与巷道标签、货位标签、货物标签有效识别感知，实现出入库系统的自动确认；二是与信息系统调度指令的交互技术，最典型的是车载电脑和手持的应用，大大提高了物流效率；三是叉车的各类传感器的应用，如速度、重量、碰撞、温度、油压、电量等传感技术，使得叉车总线控制数据更加丰富，配以系统安全预警，实现设备状态的监控；四是将智能化叉车的位置、任务、状态、效率等信息汇集"工业车辆远程平台"，进行大数据处理和输出。

（资料来源：http://www.edit56.com/）

讨论：

未来 10 年，无人驾驶叉车是否会取代人工驾驶叉车，成为物料搬运的主力军？

第一节　叉车

Section 1　Forklift

一、叉车概述

（一）叉车的概念与发展史

叉车是工业搬运车辆，是指具有各种叉具，能够对货物进行升降和移动及装卸作业的搬运车辆。

早在 1949 年，Friedrich 博士与 5 位雇员开始在他父亲开办的进出口公司的机械工程部门研究电力驱动步行控制的堆垛机与托盘车。此时，他已经意识到物流技术在西欧经济体系中将会带来巨大的影响。叉车、托盘车及托盘的使用，使得机械化的轻松、高效、低成本的物料运搬作业成为可能，从而为企业开辟了新的利润源泉。1953 年，现在的永恒力集团的前身在建立后首先推出了设计成熟的电动堆垛机与电动托盘车，这种新型的搬运设备的所有功能由一根舵柄控制，其因体积小、自重轻、噪声低、无污染、操作方便，为那些中小型企业小批量的搬运堆垛作业带来了明显的经济效益，因而也迅速开始在欧洲普及。如今，大约 40% 的电动工业车辆都采用这种控制舵柄。现代室内运搬设备的起步是托盘车，紧接着是四轮或三轮的座驾式托盘车，Ameise 55 是第一辆电动的四轮堆垛机。到 1960 年，永恒力集团推出的 Ameise 牌中型堆垛机系列在叉车业已树立了如同今天"大众汽车"在轿车行业中的地位，这标志着整个运搬领域正式实现功能细分。1956 年，永恒力集团又推出了他的另一款新车型"Retrak(r)"，即现代高架仓库使用最广泛的前伸式叉车的雏形。这一车型提出了门架单元前伸后收的理念，结合了叉车与堆垛机两种类型的优点，当货叉从驱动轮的前方叉取货物后，可以回收至车身，使叉车整体尺寸更小，减少了所需的巷道宽度，增大了储存空间。同时，由于具备类似于堆垛机的支撑臂，使叉车的荷载扬高能力得到增强，也使得仓库得以向更高的空间发展。经过 30 多年上万个仓库的使用结果验证，这种前伸式叉车技术的有效性和可靠性非常优良，已成为运搬设备领域的一大产品系列。现在，欧洲几乎每家叉车制造商都生产这一系列的产品。永恒力集团在物料运搬领域另一贡献是 1968 年汉诺威工业博览会上首次亮相的"ETX 系统高架堆垛机"，采用三向旋转的货叉，使叉车本身在巷道内不需旋转，将所需的通道空间缩小到仅略大于托盘的宽度，最大提升高度达到 13 米。高架堆垛机在巷道内使用机械导轨或磁导，由于仅走直线，所以作业效率很高。随后，出于安全性及操作性方面的考虑，他们又推出了驾驶舱随着货叉同时上升的"ETX-KOMBI"系列车型。至此，形成了最初的物料运搬设备六大系列，即手动/电动托盘车系列、电动堆垛机系列、平衡重式叉车系列、前伸式叉车系列、高架堆垛机系列与拣料车系列。直到今天，这六大系列仍然是工业车辆的主流。

（二）叉车的分类与作用

1. 按动力来源分

（1）内燃叉车，如图 4.1 所示，是把柴油、汽油、液化石油气或天然气作为发动机动力的叉车。其发动机，如图 4.2 所示。

图 4.1　内燃叉车

图 4.2　内燃叉车的发动机

考虑到尾气排放和噪声问题，内燃叉车通常用在室外、车间或其他对尾气排放和噪声没有特殊要求的场所。其动力充足，承重量可达 18 吨。由于燃料补充方便，可实现长时间的连续作业，而且能胜任在恶劣环境下（如雨天）的工作。一般为手动挡叉车，自带离合器。

（2）电瓶叉车，如图 4.3 所示，是以电动机为动力、蓄电池为能源的叉车。由于没有污染、噪声小，广泛应用于室内操作和其他对环境要求较高的行业，如医药、食品行业等。

随着人们对环境保护的日渐重视，电瓶叉车的使用量逐步增大，目前已成为使用最多的叉车。但电瓶叉车的动力相对内燃叉车不足，一般最大承载量为 8 吨。每组电池一般在工作约 8 小时后需要充电，因此对于多班制的工况需要配备备用电池。一般为自动挡叉车，没有离合器。叉车的电瓶一般由铅酸电池组构成，需要时常添加蒸馏水，也有锂电池叉车，维护方便但费用较高，叉车的锂电池，如图 4.4 所示。

图 4.3　电瓶叉车

图 4.4　叉车的锂电池

（3）手动叉车，是以人力为动力的叉车，可用于超市、中转站、配送中心、库房等各种环境，价格低廉，简便可靠，适用性广，是物流装卸搬运不可多得的有力工具。

2．按叉车的构造分

（1）平衡重式叉车，如图 4.5 所示。平衡重式叉车的车体自身较重，依靠自身质量与货叉上的质量相平衡，在车体前方具有货叉和门架，为防止叉车装货后向前倾翻，尾部安装有平衡重块。

图 4.5　各种规格的平衡重式叉车

（2）前移式叉车，如图 4.6、图 4.7 所示。

其承载能力一般为 1.0～2.5 吨，门架可以整体前移或缩回，缩回时作业通道宽度一般为 2.7～3.2 米，提升高度最高可达 11 米左右，常用于通道较狭窄的仓库内中等高度的堆垛、取货作业的叉车，通常采用电动机进行驱动。

图 4.6　前移式叉车（侧位）　　　　图 4.7　前移式叉车（正位）

（3）托盘搬运叉车，如图 4.8、图 4.9 所示，是电动托盘车或电动搬运车，适用于重载及长时间货物转运工况，可大大提高货物搬运效率，减轻劳动强度。

图 4.8　站驾式托盘搬运叉车　　　　图 4.9　步行式托盘搬运叉车

托盘搬运叉车是一种在国内外应用广泛且市场潜力巨大的轻小型仓储工业车辆。它以蓄电池为动力，直流电机驱动，液压工作站提升，操纵手柄集中控制，一般采用站立式驾驶，也有步行式电动搬运叉车。电动托盘车作业方便、平稳、快捷；外形小巧、操作灵活；低噪声、低污染，能在商场、超市、仓库、货场、车间等场所作业，尤其适合食品、纺织、印刷等轻工行业使用。

（4）托盘堆垛叉车。托盘堆垛叉车可细分为手动堆垛叉车、半电动堆垛叉车、全电动堆垛叉车，分别如图 4.10、图 4.11、图 4.12 所示。

图 4.10　手动堆垛叉车　　　　图 4.11　半电动堆垛叉车　　　　图 4.12　全电动堆垛叉车

　　手动堆垛叉车是一种无污染、无动力的装卸产品，该产品具有结构紧凑、运输灵活、操作简单、回转半径小等特点，适用于工厂、车间、仓库、车站、码头等处的货物搬运与堆垛。对于那些有防火、防爆要求的场地（如印刷车间、油库、码头、仓库等）更为适用。配合托盘、集装箱等即可实现单元化运输，有效减少了零部件的碰撞、划伤和堆放面积，减少搬运工作量，提高搬运效率。

　　电动堆垛叉车是以电动机为动力，蓄电池为能源的一种工业搬运车辆，是指对成件托盘货物进行装卸、堆高、堆垛和短距离运输作业的各种轮式搬运车辆，一般分为手动堆垛叉车、半电动堆垛叉车及全电动堆垛叉车，广泛应用于工厂车间、仓库、流通中心和配送中心、港口、车站、机场、货场等，并且可进入船舱、车厢和集装箱内进行托盘货物的装卸、搬运作业，是托盘运输、集装箱运输必不可少的设备。

　　（5）拣选叉车，其中高货位拣选叉车如图 4.13 所示。

图 4.13　高货位拣选叉车

　　在某些情况下（如超市的配送中心），不需要整托盘出货，而是按照订单拣选多种品种的货物组成一个托盘，此环节称为拣选。

　　按照拣选货物的高度，电动拣选叉车可分为低位拣选叉车（2.5 米内）和中高位拣选叉车（高度可达 10 米），承载能力分别为 2.0～2.5 吨（低位）、1.0～1.2 吨（中高位，带驾驶室提升）。

　　（6）窄通道叉车，如图 4.14 所示。

图 4.14　窄通道叉车

　　窄通道叉车一般配有一个三向堆垛头，可在通道宽度 1.5～2.0 米的环境下运行，提升高度可达 14.5 米。

　　其驾驶室可以提升，驾驶员可以清楚地观察到任何高度的货物，叉车不需要转向，货叉旋转就可以实现两侧的货物堆垛和取货。

　　（7）冷链叉车，如图 4.15 所示。

图 4.15　冷链叉车

　　冷链叉车其实是改装了的电动叉车，加装了冷库设置。

　　它在冷库低温环境中也能正常运行。特别在南方和沿海，室外环境湿度大导致冷库外的充电区和装卸区湿度远远高于冷库内，叉车在冷库内操作超过半小时，其表面温度接近冷库内环境温度，叉车开出冷库进入充电区或装卸区，其表面在短时间内出现凝露和冷凝水，同时室内外温差比较大，这就对电动叉车表面材质的选择有了更高的要求。叉车的金属件都需要进行特殊的防锈处理，橡胶件需要选择低温材料，保证其在低温时的工作状态。

　　（8）抱夹叉车。抱夹叉车是用夹子代替货叉的一种叉车，分为全抱夹叉车和抓取式抱夹叉车，分别如图 4.16、图 4.17 所示。

　　全抱夹叉车主要用于圆柱形物料的装卸作业；抓取式抱夹叉车主要用于建材、木材、石料等大宗货物的装卸作业。不同的行业所选抱夹有所不同，如建材行业可选择砖块抱夹，化纤行业可选择软抱夹或海绵抱夹等。

图 4.16　全抱夹叉车

图 4.17　抓取式抱夹叉车

（9）无人叉车。无人叉车也叫自动导引小车，是目前国内外流行的智能搬运小车，其在仓储物流、制造工厂应用非常广泛。根据导引方式不同分为磁导航 AGV 叉车、激光导航 AGV 叉车、惯性导航 AGV 叉车等无人驾驶搬运车，即 AGV 叉车。采用激光导航定位、磁条定位等实现小车自动定位，配合算法控制小车沿着设置的路线目标点行驶，达到无人驾驶的目的。

无人叉车主要分为无人驾驶堆垛式叉车、无人驾驶平衡重式叉车，分别如图 4.18、图 4.19 所示。

图 4.18　无人驾驶堆垛式叉车

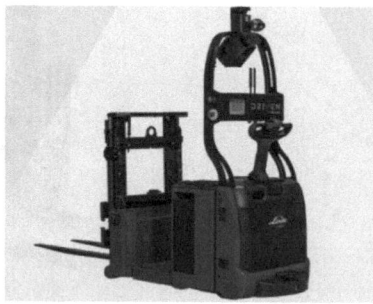

图 4.19　无人驾驶平衡重式叉车

二、叉车的构成及保养

1. 叉车的构成

叉车的种类很多但构造基本相似，主要由动力系统、液压操作系统、电气系统、工作装置、起升系统五大部分组成，如图 4.20 所示。

（1）动力系统。内燃叉车的动力来源于发动机，将热能转化为机械能使用；电瓶叉车的动力来源于电瓶，将电能转化为机械能使用。

（2）液压操作系统。由升降液压缸、倾斜液压缸、液压泵、液压分配阀、节流阀组成，辅助叉车完成升降、倾斜、装卸货等动作。

（3）电气系统。由发动机的启动、点火系统、照明设备、信号设备、紧急启停设备、电气开关等部件构成。

（4）工作装置。由传动装置、行驶装置、转向装置和制动装置构成。

（5）起升系统。主要是由门架及货叉构成，抱夹叉车有专门的叉车属具，无人叉车则在普通的货叉顶部加装自动导航、自动识别系统。

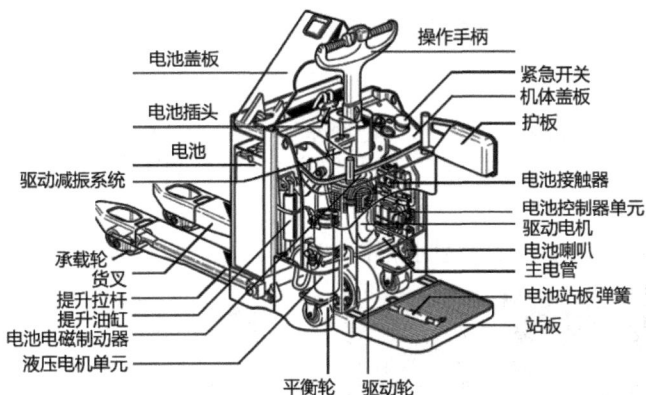

图 4.20　叉车结构图解

2. 叉车的主要技术参数

叉车的技术参数是衡量叉车性能的重要标志，也是选购叉车考虑的重要因素，主要有以下指标。

（1）载荷中心距。载荷中心距是指在货叉上放置标准货物时，其重心到货叉垂直段前壁的水平距离，以毫米表示，对于 1~4 吨叉车，载荷中心距为 500 毫米。

（2）额定起升重量。通常也叫作载重量，是指货物重心至货叉前壁的距离不大于载荷中心距离时，允许起升的货物的最大重量，以吨表示。当货叉上的货物重心超出了规定的载荷中心距时，由于纵向稳定性的限制，起重量应相应减少。

（3）最大起升高度。最大起升高度是指在平坦的地面上，叉车满载，货物升高至最高位置时，货叉水平段的上表面离叉车所在的水平地面的垂直距离。

（4）门架倾角。门架倾角指无载的叉车在平坦的地面上，门架相对其垂直位置向前或向后的最大倾角。前倾角的作用是便于叉取和卸放货物；后倾角的作用是当叉车作业时，预防货物从货叉上滑落。一般叉车的前倾角为 3°~6°，后倾角为 10°~12°。

（5）最大起升速度。最大起升速度通常是指叉车满载时，货物起升的最大速度，以米/分表示。提高最大起升速度，可以提高作业效率，但起升速度过快容易发生货损和机损事故。目前国内叉车的最大起升速度已提高到 20 米/分。

（6）最大行驶速度。最大行驶速度对叉车的作业效率有很大影响。

（7）最小转弯半径。当叉车在无载重低速行驶、打满方向盘转弯时，车体最外侧和最内侧至转弯中心的最小距离，分别称为最小外侧转弯半径和最小内侧转弯半径。最小外侧转弯半径越小，叉车转弯时需要的地面面积越小，则机动性越好。

（8）最小离地间隙。最小离地间隙指车轮以外，车体上固定的最低点至地面的距离。表示叉车无碰撞越过地面凸起障碍物的能力。最小离地间隙越大，则叉车的通过性越强。

（9）轴距及轮距。轴距是指叉车前后桥中心线的水平距离，轮距是指同一轴上左右轮中心的距离。增大轴距，有利于叉车纵向稳定性，但会使叉车车身长度增加，最小转弯半径增大；增大轮距，有利于叉车横向稳定性，但会使叉车车身总体宽度增加，最小转弯半径增大。

（10）直角通道最小宽度。直角通道最小宽度指仅供叉车往返行驶的成直角相交的通道的最小宽度。一般直角通道宽度越小，性能越好。

（11）堆垛通道宽度。堆垛通道宽度指叉车在正常作业时通道的最小宽度。

3. 叉车的保养

叉车使用频率高、强度大、范围广，通常由专业人员进行维修。有效合理的保养能大大延长叉车使用寿命，也能减少叉车因部件损坏造成的事故。

日常维护需要注意以下几点。

（1）检查电解液液位，如不足则加注蒸馏水（见图 4.21）。

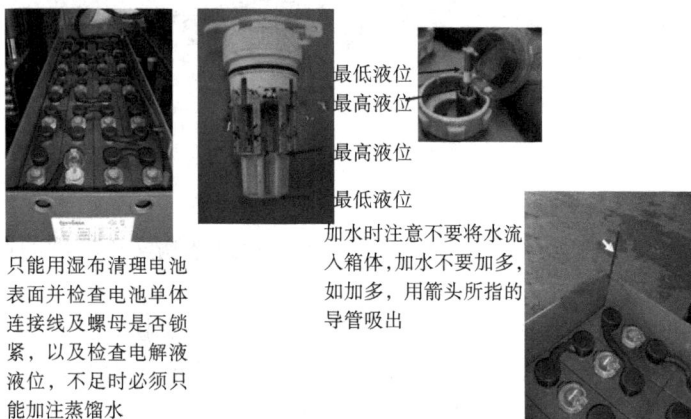

只能用湿布清理电池表面并检查电池单体连接线及螺母是否锁紧，以及检查电解液液位，不足时必须只能加注蒸馏水

最低液位
最高液位

最高液位

最低液位

加水时注意不要将水流入箱体，加水不要加多，如加多，用箭头所指的导管吸出

图 4.21 电瓶叉车加注蒸馏水操作

（2）清洗叉车上的污垢、泥土等，重点部位是货叉架及门架滑道、发电机及制动器、蓄电池电极叉柱、水箱、空气滤清器。

（3）检查各部位的紧固情况，重点部位是货叉架支承、起重链拉紧螺丝、车轮螺钉、车轮固定销、制动器、转向器螺钉。

（4）轮胎气压检查。当轮胎气压不足时，应补充至规定值，确认不漏气。检查轮胎接地面和侧面有无破损、轮辋是否变形。

（5）制动踏板、微动踏板、离合器踏板、手制动检查。踩下各踏板，确认其是否有异常、迟钝或卡阻。手制动手柄的作用力应小于 300 牛顿，确认手制动安全可靠。

三、叉车的选配

（1）根据作业功能选择叉车。叉车的基本作业功能分为水平搬运、堆垛、取货、装货、卸货、拣选。企业可以依据所要达到的作业功能来选配叉车。另外，特殊的作业功能会影响叉车的具体配置，如果搬运的是纸卷、铁水等，则需要叉车安装属具来完成。

（2）根据作业要求选择叉车。作业要求包括托盘或货物规格、提升高度、作业通道宽度、爬坡度等一般要求，同时需要考虑作业习惯（如习惯坐驾还是站驾）、作业效率（不同车型的效率不同）等方面的要求。

（3）根据作业环境选择叉车。如果企业需要搬运的货物或仓库环境对噪声等环保方面有要求，在选择车型和配置时应有所考虑。如果是在冷库中或在有防爆要求的环境中，叉车的配置也应该是冷库型或防爆型的。仔细考察叉车作业时的流程、需要经过的地点，设想可能出现的问题，例如，出入库时门高对叉车是否有影响；进出电梯时，电梯高度和承载对叉车的影响；在楼上作业时，楼面承载是否达到相应要求。最后综合考虑所有因素，决定最终的叉车型号和技术参数。

知识拓展

场（厂）内专用机动车辆作业人员考核大纲

第一条　为了规范场（厂）内专用机动车辆作业人员的考核工作，根据《特种设备安全监察条例》《特种设备作业人员监督管理办法》《特种设备作业人员考核规则》等，制定本大纲。

第二条　本大纲适用于《特种设备作业人员作业种类与项目》规定的场（厂）内专用机动车辆（简称场车）作业人员的考核工作。

场车作业人员包括以下人员。

（一）场车安全管理人员，是指从事场车安全管理工作的专职或者兼职人员；

（二）场车维修人员，是指从事场车车辆维修的人员；

（三）场车司机，是指从事场车驾驶、操纵的人员，分为叉车司机，搬运车、牵引车、推顶车司机，内燃观光车司机，蓄电池观光车司机。

取得内燃观光车司机项目作业人员证的，可以驾驶蓄电池观光车。

第三条　场车安全管理人员应当具备以下基本条件。

（一）年龄18周岁以上（含18周岁）、60周岁以下（含60周岁，首次取证时）；

（二）具有高中以上（含高中）学历，并且经过专业培训，具有场车安全技术和管理知识；

（三）身体健康，无妨碍从事本工作的疾病和生理缺陷；

（四）具有2年以上（含2年）场车相关工作或者安全管理工作的经历。

第四条　场车维修人员、司机应当具备以下基本条件。

（一）年龄18周岁以上（含18周岁）、60周岁以下（含60周岁，取证或者换证时）；

（二）身体健康，无妨碍从事本工作的疾病和生理缺陷；

（三）具有初中以上（含初中）学历；

（四）具有符合本大纲第五条要求的操作技能方面的安全技术培训经历；

（五）具有场车安全技术理论知识和实际操作技能。

第五条　场车维修人员、司机的操作技能方面安全技术培训经历要求如下。

（一）申请取得相应项目《特种设备作业人员证》的维修人员，应当在已经持有相应项目的《特种设备作业人员证》2年以上（含2年）的维修人员指导下，进行3个月以上（含3个月）的操作技能学习并经其签字确认，或者经过专业培训机构64学时以上（含64学时）培训并取得证明；

（二）申请取得相应项目《特种设备作业人员证》的叉车司机，应当在已经持有相应项目《特种设备作业人员证》2年以上（含2年）的叉车司机指导下，进行1个月以上（含1个月）的操作技能学习并经其签字确认，或者经过专业培训机构64学时以上（含64学时）培训并取得证明；

（三）申请取得相应项目《特种设备作业人员证》的搬运车、牵引车、推顶车司机，应当在已经持有相应项目《特种设备作业人员证》2 年以上（含 2 年）的搬运车、牵引车、推顶车司机指导下，进行 1 个月以上（含 1 个月）的驾驶技能学习并经其签字确认，或者持有车型为 B2 以上（含 B2）的《中华人民共和国机动车驾驶证》，或者经过专业培训机构 64 学时以上（含 64 学时）培训并取得证明；

（四）申请取得相应项目《特种设备作业人员证》的内燃观光车司机、蓄电池观光车司机，应当在已经持有相应项目《特种设备作业人员证》2 年以上（含 2 年）的相应司机指导下，进行 3 个月以上（含 3 个月）的驾驶技能学习并经其签字确认，或者持有车型为 B1 以上（含 B1）的《中华人民共和国机动车驾驶证》，或者经过专业培训机构 64 学时以上（含 64 学时）培训并取得证明。

第六条　场车安全管理人员考试，包括理论知识和管理能力两个科目。理论知识和管理能力均采用计算机考试。

理论知识考试内容各部分所占比例如下。

（一）基础知识，占 10%；

（二）专业知识，占 20%；

（三）安全知识，占 30%；

（四）法规知识，占 40%。

第七条　场车维修人员、司机考试包括理论知识和实际操作技能两个科目。理论知识采用计算机考试，实际操作技能考试采用实际操作方式进行。

理论知识考试内容各部分所占比例如下。

（一）基础知识，占 20%；

（二）专业知识，占 40%；

（三）安全知识，占 30%；

（四）法规知识，占 10%。

第八条　计算机考试的试题类型为判断题、单项选择题、多项选择题。

第九条　各科目考试成绩均实行百分制，60 分合格。场车安全管理人员的理论知识和管理能力考试全部合格，则综合评定为合格；场车维修人员、司机的理论知识和实际操作技能考试（见图 4.22）全部合格，则综合评定为合格。

第十条　承担场车安全管理人员和维修人员、司机考试机构（以下简称考试机构）应当遵循公开、公正、公平、规范的原则，按照理论知识考试机考化、实际操作技能考试实物化（模拟化）要求配置资源。考试机构应当具备与考试工作相适应的资源条件，除符合《特种设备作业人员考核规则》的规定外，还应当符合附件 G 的要求。

第十一条　本大纲由国家市场监督管理总局负责解释。

第十二条　本大纲自 2013 年 6 月 1 日起施行。

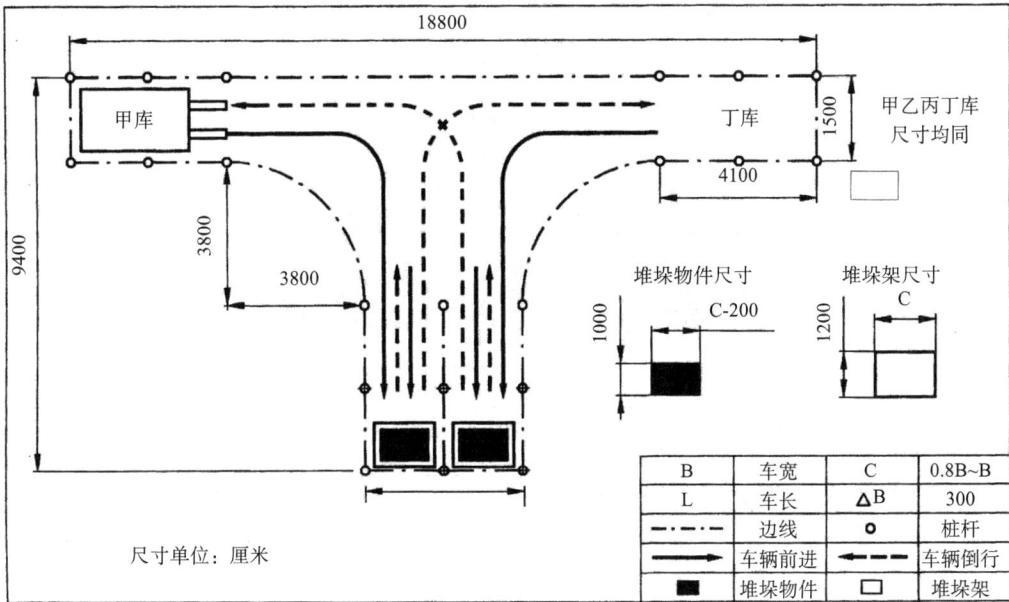

图 4.22 叉车技能认证实操考核场地图

（资料来源：国家市场监督管理总局）

第二节 起重机械

Section 2 Hoisting Machinery

一、起重机械概述

1．起重机械概念及作用

起重机械是指用吊钩或其他取物装置吊挂重物，在空间进行升降和运移等循环性作业的机械。它对减轻繁重的体力劳动、节省人力、提高生产效率和实现生产过程的机械化、自动化具有重要的意义。

它在降低工程成本、减轻劳动强度、实现施工机械化方面起着重要的作用。涉及与集装箱装卸有关的物流活动，公路集装箱装卸、铁路集装箱装卸、水路集装箱装卸、航空舱装卸、多式联运中转等都离不开起重机械。对于非集装化货物而言，也可运用定制的起重机械解决其装卸问题，如图 4.23 所示。数字化智能起重机控制系统具有高性能、低成本、使用方便、稳定性强、寿命长、绿色环保等特点，是起重机行业的发展趋势。

2．起重机的组成及主要参数

起重机通常由三大部分组成：一是机架；二是机构（包括起升机构、运行机构、旋转机构、变幅机构等）；三是控制系统。

（1）额定起重量。额定起重量即起重机允许吊起的重物或物料，连同可分吊具（或属具）质量的总和（对于流动式起重机而言，包括固定在起重机上的吊具）。幅度可变的起重机可根据幅度规定起重机的额定起重量。

图 4.23　起重机械

（2）起升高度。起升高度即起重机水平停车面至吊具允许最高位置的垂直距离。对吊钩和货叉，计算至它们的支撑表面；对其他吊具，计算至它们的最低点（闭合状态）。对桥式起重机，应是空载置于水平场地上方，从地面开始测定其起升高度。

（3）起升（下降）速度。起升（下降）速度即稳定运动状态下，额定载荷的垂直位移速度。

二、常见的起重机械及其工作特点

1. 门式起重机

门式起重机（见图 4.24）又称龙门起重机，是桥架通过两侧支腿支撑在地面轨道上的桥架型起重机。

图 4.24　门式起重机

门式起重机作为起重机的一种重要结构形式，在港口、建筑工地、物流货场等区域得到了广泛的使用，是使用量最大的起重运输机械之一。金属结构是其主要的承载部件，由于门式起重机经常在恶劣的环境中工作，长期承受周期性的大冲击载荷，为了避免其结构失效，在制造前必须对其静、动态特性进行全面的分析，才能制造出结实耐用的机型。

2. 桥式起重机

顾名思义，桥式起重机设备是安装在两个横柱之间的一种设备（见图 4.25）。

由于借助了其他的既有基础设施的力量，其起重的力非常大。但是，桥式起重机的安装位置比较固定，所以桥式起重机的运行路径也是相对比较固定的。这就意味着桥式起重机尽管有着非常强大的起重能力，但是它本身在运行中的活动范围很有限，缺乏灵活性。

图 4.25 桥式起重机

3. 履带式起重机

履带式起重机由行走机构、回转机构、机身及起重臂等部分组成，是一种利用履带行走的动臂旋转起重机。

履带式起重机的行走机构为两条链式履带，回转机构为装在底盘上的转盘，使机身可回转 360°。起重臂下端铰接于机身上，随机身回转，顶端设有两套滑轮组（起重及变幅滑轮组），钢丝绳通过起重臂顶端滑轮组连接到机身内的卷扬机上，起重臂可分节制作并接长，履带式起重机接地面积大、通过性好、适应性强、可带载行走，适用于复杂地形的装卸作业。但因行走速度缓慢，履带式起重机的长距离转移需要其他车辆搬运（见图 4.26）。

图 4.26 履带式起重机

4. 汽车式起重机

汽车式起重机是装在普通汽车底盘或特制汽车底盘上的一种起重机，其行驶驾驶室与起重操纵室分开设置。其优点是机动性好，转移迅速。

虽然轮胎式起重机有转弯半径小、可吊物行驶等优点，但其行驶速度一般不超过25~30 千米/小时，这使它的机动性受到一定限制；而履带式起重机转弯灵活（一般均能原地转弯）、可吊物行驶且能在不坚实的作业基面上行驶，但行驶速度慢，远距离作业必须用大型平板车载运。因此在自行式起重机中，能够高速行驶的汽车式起重机（见图 4.27）得到了高速的发展。统计资料表明，汽车式起重机的产量已占自行式起重机总产量的

70％，轮胎式和履带式起重机各占 15％。

图 4.27　汽车式起重机

5．堆垛起重机

堆垛起重机是指采用货叉或串杆作为取物装置，在仓库、车间等处攞取、搬运和堆垛或从高层货架上取放单元货物的专用起重机（见图 4.28）。

图 4.28　堆垛起重机

堆垛起重机是一种仓储设备。它的自动化程度比较高，是将货物以堆垛为单位进行搬运的一种起重设备。堆垛起重机能够根据货物在运行过程中的实际需要来设定自己的轨迹，并且根据货物本身不同的重量来安排最佳的运行路径。堆垛起重机克服了传统意义上的电动葫芦和桥式起重机的缺点，在运行过程中兼顾了灵活性和负重能力。值得注意的是，堆垛起重机在运行过程中具有自主规划运送路径的能力，其应用前景是非常好的。

6．小型起重机

电动葫芦实际上是一种小型起重机，主要应用于质量和体积相对比较小的物品的搬运活动（见图 4.29）。电动葫芦具备操作灵活的特点，但是它本身的构成也决定了电动葫芦在完成起重动作的时候具有诸多的局限性。不过它的移动空间相对较大，自身灵活的特点也决定了电动葫芦在整个起重设备体系当中所扮演的角色是非常重要的，其所起到的作用也是不可替代的。

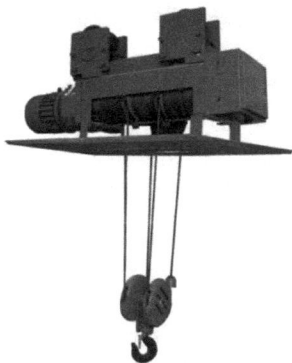

图 4.29　电动葫芦

三、起重机的维护保养

在物流活动中，起重设备发挥的作用越来越大，对保障正常运作和物流通畅起着很大的支撑。那么，定期对起重设备进行科学的安全技术检查，就显得尤其重要。起重设备的安全技术检查对保证企业安全、可靠地作业，营造人机和谐的环境起着不容忽视的作用。

起重机的维护保养主要有以下几个方面。

1．金属结构的检查

由于超载、热辐射等复合因素，主梁上拱度会消失甚至产生下挠，因此，主梁上拱度是起重机结构检查的重点内容。另外，起重机的主梁腹板与下盖板之间焊缝是否裂开等，也应作为检查的重点内容。起重机的金属结构每年应检查 1～2 次，金属结构检查内容和标准，如表 4.1 所示。

表 4.1　金属结构检查内容和标准

序号	检查项目		检查内容和标准
1	主梁	主梁变形	检查主梁在起吊额定载荷时跨中的挠度（下挠应小于 S/700）
		结构件	检查有无裂纹、腐蚀、异常变形；连接部分有无松动、脱落、裂纹及腐蚀
		其他	检查金属结构表面的防护，不得有油漆起泡、剥落
2	小车架	结构件	检查有无裂纹、变形、开裂；检查各连接件有无松动、脱落
3	司机室和主梁连接		检查连接处母材及焊缝有无裂纹；检查螺栓等是否紧固可靠

2．行走部分的检查

（1）定期检查变速箱的基础螺栓是否松动。

（2）检查各开式齿轮、联轴器等传动部位是否配有安全防护罩。

（3）重点检查行走轮轴的油孔是否通畅。油路堵塞加不进润滑脂会造成轴瓦干磨，继而轴瓦碾成碎片跑出，使起重机的四个支承点不等高，轮轴以上结构会发生形变，对主要结构焊缝和主要连接部位将引起应力集中。失去轴瓦的车轮在运行中会左右窜动，整个轨道将磨得发亮。如果发生这种情况，处理起来就会很困难。某些起重机运行不同步、轨道发亮就与轮轴轴瓦的磨损有关，所以应重视轮轴的润滑保养。

3．运行轨道及区间环境的检查

起重机的运行轨道及区间环境每年必须检查 2～4 次。运行轨道是起重机或小车平稳运行的基础，起重机运行时产生的冲击和振动可能引起轨道安装的松动、连接件脱落、变形、出现裂纹等，这些缺陷反过来又影响起重机或小车的正常运行。通过检查和调整，可以为保证起重机的正常运行提供条件。起重机的运行轨道及区间环境检查内容和标准，如表 4.2 所示。

表 4.2　运行轨道及区间环境检查内容和标准

序号	检查项目		检查内容和标准
1	运行轨道	钢轨	检查有无裂纹、头部下陷、变形及侧面磨损
		紧固螺栓	检查连接螺栓有无松动及脱落
		连接板及垫板	检查连接板和垫板有无位移
		缓冲器及车挡	检查有无损伤及错位；安装有无松动、脱落
		钢轨接头	检查钢轨接头有无错位及间隙变化
2	区间环境		检查区间环境、区间的安全距离、有无物体妨碍或干涉

4．各机构和零部件的检查

（1）检查起升机构的制动器、卷筒装配、滑轮组；检查桥式起重机电机安装有无裂纹，连接有无松动、脱落；检查联轴器的键和键槽有无裂纹和变形；检查联轴器有无径向跳动、端面摆动；检查齿形联轴器的润滑情况、是否漏油、是否有异常响声。

（2）检查电磁制动器运行有无冲击、异常噪声或异臭。

（3）检查液压制动器的液面高度及是否漏油、工作缸有无损伤及推杆有无弯曲变形。

（4）重点检查吊具，检查吊钩有无裂纹、变形与磨损；转动吊钩、轴承及螺纹部位有无异常声响；钩口有无异常变形；轴承的润滑情况是否正常；检查葫芦板、连接板是否紧固；销、轴和侧板有无变形；吊钩组有无磨损；钢丝绳防脱装置功能是否正常。

5．起重机的润滑

起重机润滑情况的好坏直接影响起重机各机构的正常运转，凡是有轴、孔配合的部位和有相对运动摩擦的部位都要进行定期润滑。因此，使用和维护人员必须经常检查各润滑点的润滑情况，按时给各润滑点加油。根据起重设备使用的需求，其润滑有分散润滑和集中润滑。典型零部件的润滑材料和润滑周期，如表 4.3 所示。

表 4.3　典型零部件的润滑材料和润滑周期

序号	润滑部位	润滑周期	润滑材料
1	钢丝绳	一般 15～30 天，根据实际使用中的润滑情况决定	石墨钙基润滑脂
2	减速器	使用初期每季度换一次，以后可根据油的清洁度半年或一年换一次	L-CKC100、L-CKC150、L-CKC220(GB 5903—1995)

续表

序号	润滑部位	润滑周期	润滑材料
3	开式齿轮	半月一次，每季度或半年需要清洗一次	开式齿轮润滑脂
4	齿轮联轴器	每月一次	①通用锂基润滑脂 ②低温润滑膏
5	滚动轴承	3~6 个月一次	
6	滑动轴承	视情况而定	
7	卷筒内齿盘	大修时加油	
8	电动机	年修或大修	①3 号锂基润滑脂 ②复合锂基润滑脂
9	制动器各绞点	每月一次	工业用锂基润滑脂

起重设备是国家规定的特种危险设备，对它的定期安全技术检查直接关系到企业的安全生产和正常运作。上面提到的只是对起重设备进行安全技术检查的一些主要方面，其中也涵盖了操作人员应做的一些日常检查。每日班前做好起重机的安全检查是操作者职责范围内的工作，是定期安全技术检查不能替代的。与此同时，还应健全和落实起重机的维修保养、定期检验、安全规程和交接班等制度，如实记录重大事故的情况，严格执行操作人员培训合格后方可上岗操作。因此，加强对起重机操作人员的安全教育，督促司机自觉做好对起重机的日常检查与维护保养，也是做好起重机安全管理工作的一项重要内容。只有将操作人员的日常检查与专业人员的安全技术检查相结合，才能保证起重机的安全运行。

第三节　智能搬运设备

Section 3　Intelligent Handling Equipment

案例

物流成本一直是制约物流业发展的难题。仓储作为物流中的重要一环，在物流成本和效率等方面的问题日益突出。在企业技术创新和管理创新的驱动下，为解决仓储如何满足经济发展对物流的需求、如何降低仓储成本等问题，无人仓应运而生。以京东建成的亚洲首个无人仓为例。对京东无人仓的整个流程，从物品入库、码垛、分拣，再到集中包装转运等环节进行分析，通过大量收集有关无人仓发展背景、无人仓所需技术、无人仓实现难点、无人仓应用前景及亚马逊和国内的菜鸟网对仓储这方面的投资的数据进行整理分析，结果表明无人仓技术的运用大大降低了仓储物流成本，提高了物流运作效率，同时给社会带来了价值。

关于无人仓技术，世界各行业及组织到今天依然没有一个标准且专业的说法。单从字面去解释，和传统的仓库相比，整个仓储作业流程都利用机器人等智能化设备来代替传统的人工作业；广泛的定义就是在大数据、云计算及物联网等高科技的基础上，加以人工的辅助来实现整个仓储作业流程的方式，以至于实现人机高效协作。以京东物流为例，京东副总裁在接受采访时说，可以将物流仓储作业划分为三个发展阶段：第一个阶段，也就是物流仓储业发展的初期阶段，仓储的整个作业流程都是围绕着人工来进行的，放眼于当今的整个物流行业，依然是这个模式为主；第二个阶段，总体来说，就是类似近几年亚马逊、菜鸟网无人仓技术的研究分析及京东相继亮相的"无人仓"，都只是实现部分自动化而已，如京东2014年在上海建成的"亚洲一号"，只是在仓储作业过程中的一些关键环节实现自动化；第三个阶段，即当今物流业发展的大方向及无人仓技术的作业模式，仓储的智能覆盖率达到100%。目前电商巨头大力发展、引进及研究无人仓技术，理由很明确，无人仓可以很好地解决各大电商行业堆积如山的订单，并且做到成本最低、作业时间最短、精准性最高。无人仓作业采用全自动化、智能化，大大降低了人工的劳动强度。高效、精准的作业开辟了企业的第三利润源泉。近年来，各大电商平台在自动化、信息化及智能化方面大力投入并发展，这直接推动了无人仓时代的到来。无人仓是物流行业发展的必经之路，是市场需求及物流仓储技术发展的一个方向。

　　无人仓带来了双重效益，实现了社会和企业的双重价值，京东的无人仓是绿色物流的主要体现。外界普遍认为建设无人仓需要天价成本，但京东用实践证明了，天价成本的背后是对未来物流发展的预测和可持续发展战略的理解。京东的无人仓作业过程实现了低碳节能，使"小商品大包装"或"大商品小包装"造成过度包装或纸箱破损的问题得到缓解。数据显示，中国快递行业每年消耗的包装袋、运单和纸箱数量均在百亿以上，由此产生大量的快递垃圾给环境和整个社会带来了巨大的负担。无人仓的投入使用提高了纸箱、包装袋的利用率，致力于让纸箱的价值能发挥得淋漓尽致，助力绿色快递的发展。无人仓作为自动化仓储物流系统的发展方向和目标，在很长一段时间内都停留在概念阶段，如今随着京东和菜鸟网的大力投入，无人仓技术取得重大突破，正式进入落地实施阶段。以设备替代人工，使得物流作业成本大幅降低，并且随着无人仓技术越来越成熟、应用越来越广泛，企业成本也将得到有效降低，投资回报率不断提高。

　　无人仓技术已经成为一种发展趋势，未来是"智能+无人"的时代。我国物流行业仓储成本的普遍提高，加上各领域机器人技术的成熟，机器替代人已成为不可阻挡的趋势。像京东物流、菜鸟网及亚马逊等电商行业的巨头也早已加入无人仓的建设和应用，作业效率大幅度提升。正如刘强东所说，在不久的将来，在世界整个零售领域里面，所有的基础设施，不管是硬件设备还是软件设备，都将会变得可塑化、智能化和普遍化，无人化时代、智慧物流时代再也不是遥不可及而是触手可及的了。

讨论：
无人仓中包含哪些智能搬运设备？

一、智能搬运设备概述

　　制造业的生产过程涉及各种材料的搬运工作，在传统的生产模式中主要是利用人工作业的方式进行搬运，但花费时间长，效率低。因此，为了提高零件的搬运效率，搬运机器应运而生。通过应用物联网技术、RFID技术、信息软件技术等实现搬运过程的高度智能化、自动化操作的设备我们称为智能搬运设备。目前常见的智能搬运设备有穿梭车、搬运机器人（智能AGV）、智能小推车等。

2012 年，亚马逊斥资 7.75 亿美元收购 Kiva systems 公司的机器人项目，在作业现场引入 Kiva 机器人，分拣处理能力提高了近 50%，在业内引起轰动。随着国内电商的飞速发展，近年来，电商物流对 Kiva 机器人的需求日渐增多，带动了智能搬运设备市场的发展，国内海康威视、怡丰、快仓等自动化设备公司仿照 Kiva 机器人，开发了自己的仓储搬运机器人产品，并且在天猫、京东等公司的仓库内得以应用，取得了良好反响。

二、常见的智能搬运设备

1．穿梭车

（1）穿梭车系统的定义、功能及发展。

穿梭车，顾名思义，是物流系统中一种执行往复输送任务的小车。其基本功能是在物流系统中（平面内）通过轨道上的往复运动完成货物单元（主要是托盘和料箱）的输送。

有别于提升机（垂直输送）、AGV（自动导向、无轨道）及堆垛机（托盘式 AS/RS，三维输送），穿梭车因其灵活性广泛应用于物流配送中心和生产物流系统。穿梭车按照输送货物的单元类型可以分为托盘式穿梭车和箱式穿梭车；按照其作业场地不同，可分为输送型穿梭车和存取型穿梭车。此外，从载荷及存储形式看，还有单工位单深度、单工位双深度、单工位多深度、双工位单深度、双工位双深度、双工位多深度，以及多工位的诸多变化，但应用最多的还是单工位单深度和单工位双深度两种形式。相对于输送型穿梭车超过 50 年的发展历史，存取型穿梭车的历史要短得多。最早的穿梭板和子母车的应用到现在也不过 20 年历史，而四向穿梭车（见图 4.30）的应用是最近 10 年以内的事情。究其原因，可能主要是由电池技术和充电技术的限制所致，当然，网络技术和通信技术的发展也是重要原因。随着电池、网络等关键问题的逐步解决，穿梭车技术被迅速应用于物流系统。在我国，最早的穿梭板应用可以回溯到 2010 年之前，基本采用半自动方式，由叉车进行换巷道和换层作业。穿梭车解决了两大问题：其一是密集存储问题，采用穿梭车系统，可以大幅度提升存储密度；其二是快速存取问题，其实，目前火热的"货到人"拣选技术的兴起的根本原因在于采用多层穿梭车等技术，彻底解决了快速存取问题。可以说，穿梭车技术的发展，为未来的物流技术发展奠定了基础并指明了方向，开辟了一片新天地。

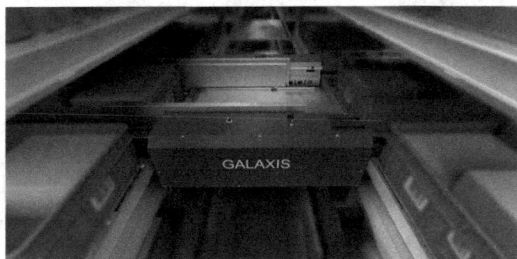

图 4.30　四向穿梭车

（2）穿梭车系统的基本构成。穿梭车系统的基本构成多种多样，作为一个独特的物流系统，它与普通的物流自动化系统有许多相似之处，但也有很大的不同。一般情况下，其系统构成如图 4.31 所示。调度系统是穿梭车系统至关重要的子系统之一，有些功能是其他物流系统没有的。托盘式穿梭车系统主要用于密集存储，其收货系统主要包括输送机（包括提升机）；储存系统则包括货架、穿梭车、提升机等，有些也采用堆垛机（AS/RS）完成穿梭车的换层；发货系统包括输送机及拣选系统等。有些系统比较简单，如穿梭板可以自行构成系统；有些系统则比较复杂，如采用机器人完成入库码垛和出库拆垛等。箱式穿梭车系统主要用于"货到人"拣选系统，其收货系统包括收货换箱工作站和收货输送系统；储存系统包括货架及轨道、穿梭车（包括多层穿梭车、子母车、四向穿梭车等）、提升机等；发货系统则包括拣选工作站、包装工作站和输送系统等，根据其多工位应用实景（见图 4.32），有些系统会更简单或更复杂一些。穿梭车是系统的核心产品，其本身包括车体和移载机构。其中，多层穿梭车只能完成往复运动，有的可以依靠提升机完成换层；四向穿梭车可以完成平面内的 x 方向和 y 方向的运动，换层则通过提升机来完成；还有一种子母车，母车完成巷道内 x 方向的运动，子车可以完成 y 方向的运动。移载机构有很多种形式，其中夹抱式货叉应用比较多。穿梭车采用电池供电，为满足作业需要，要求一次完全充电能够满足 6 小时以上的正常作业，并且能够快速充电；托盘式穿梭车有固定的充电站，箱式穿梭车则采用多种充电形式，如在提升机上充电就是一种快速充电的方式。

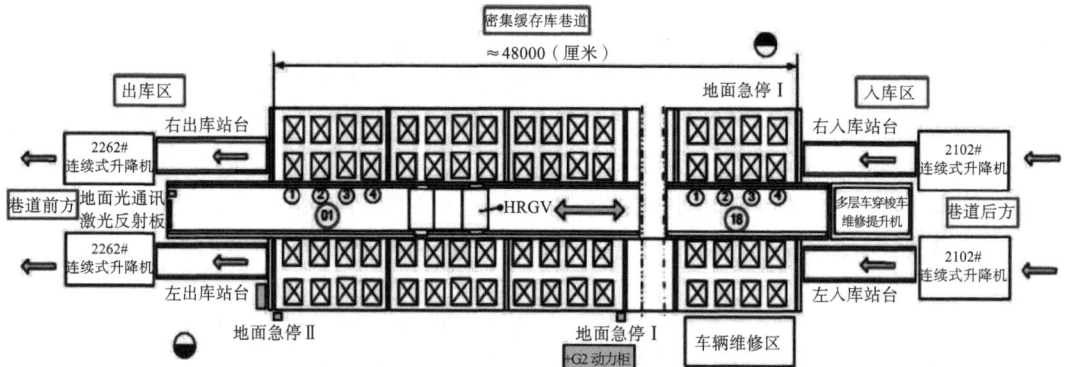

图 4.31　穿梭车系统构成

图 4.32　穿梭车多工位应用实景

2. 搬运机器人

（1）搬运机器人概述。

搬运机器人是一种以充电电池为动力，自动导引的无人驾驶自动化车辆。它能在计算机的监控下按路径规划和作业要求，精确行走并停靠到指定的地点，从而完成一系列的作业任务。

当前最常见的搬运机器人为 AGV 搬运机器人，其功能主要集中在自动物流转运方面。

AGV 搬运机器人是通过特殊地标导航自动将物品运输至指定地点的。其导航方式主要有以下几种。

① 磁感应式，也就是我们最常见的磁条导航。通过在地面粘贴磁性胶带，AGV 自动搬运车经过时车底部装有电磁传感器，会感应到地面磁条地标，从而实现自动行驶运输货物，站点定义则需要依靠磁条极性的不同排列组合设置。

②激光感应式，通过激光扫描器识别设置在其活动范围内的若干个定位标志来确定其坐标位置，从而引导 AGV 运行。

③RFID 感应式，通过 RFID 标签和读取装备自动检测坐标位置，实现 AGV 小车的自动运行，站点定义通过芯片标签任意定义，即使是最复杂的站点设置也能轻松完成。

搬运机器人的作业现场，如图 4.33 所示。

图 4.33　搬运机器人的作业现场

（2）搬运机器人提升拣选效率。

"货到人"拣选，即在物流拣选过程中，人不动，货物被自动输送到拣选人面前供人拣选，与之相对的拣选方式是"人到货"。

"货到人"拣选有超过 40 年的发展历史。最早的"货到人"拣选是由自动化立体仓库完成的，托盘或料箱被自动输送到拣选工作站，剩余的部分仍然自动返回自动立体库中储存，两种拣选模式如图 4.34 所示。在"人到货"模式中，集配拣选人员按照零件排序清单逐项来到各个指定库位进行拣选，当订单密度小时，人员需要频繁地在库位之间走动，导致作业充实度较高。相比之下，集配拣选人员站在指定地点，通过扫描清单或物料呼叫等方式向仓储搬运机器人的调度系统传送需求信息，调度系统根据需求信息向仓储搬运机器人下达任务指令，仓储搬运机器人按照指令潜入指定库位台车底部，将台车及其上方容器顶起，转运到集配拣选人员附近。按照这种方式，人员只需要在小范围内走动即可，这极大缩减了行走时间，提高了工作效率。

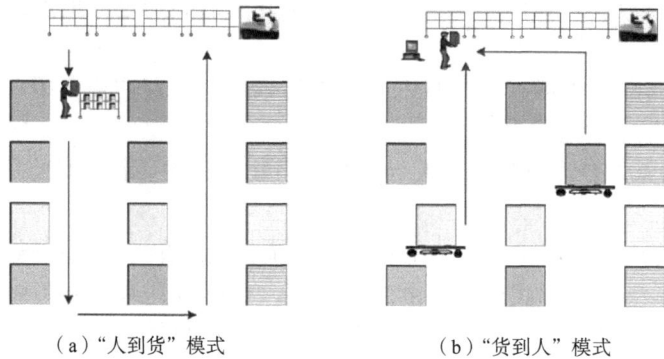

(a)"人到货"模式　　　　　　　　(b)"货到人"模式

图 4.34　两种拣选模式

3.智能小推车

智能小推车（见图 4.35）的手柄配备了控制器，通过驱动该控制器，可以轻松操控推车，还可以跟在配备信号标记的用户身后自律行走。

图 4.35　智能小推车

这样，不用很多工人，不用多次重复走同一路线就可以完成货物搬运。推车通过利用机器人配备的传感器，可以监控现场，即时侦测与前车的车距。比如，利用加速度传感器，可以掌握推车上的货物是如何被处理的。通过分析什么位置受到了强烈碰撞等，可以了解现场需要做哪些改善及工人有没有粗暴处理货物等。另外，推车结合后端仓储系统，可以做到统一的商品库存管理及更新，能提高仓库和配送中心的拣选操作效率。

4.智能码垛机器人

智能码垛机器人的手臂是一个吸力夹，主要用来提升和抓取货物，可轻松自如地在仓库中装载、卸载和搬运物品。

智能码垛机器人运作灵活精准、快速高效、稳定性高，在码垛行业有着相当广泛的应用，大大节省了劳动力和空间。

智能码垛机器人通过身上的视觉系统能够帮助寻找货箱和可以用来装载货箱的运货盘。当智能码垛机器人将一个盒子放在托盘上时，它会控制用力将每个盒子紧贴在一起，能在仓库货架之间轻松自如的搬运重量高达 30 斤的箱子，完成精准定位货物位置，搬运时还可以根据货物高度调整腿长和身高，智能码垛机器人的作业现场如图 4.36 所示。

图 4.36　智能码垛机器人的作业现场

案例

AGV 的发展前景

自动导引小车（Automated Guided Vehicle，AGV）（也被称为移动机器人）分拣指的是基于 AGV 完成自动分拣的一种新型分拣方式。两年前，一套被称为"小黄人"的 AGV 分拣机器人系统在申通分拨中心应用，这种颠覆传统分拣作业模式的新型分拣技术迅速在业内受到广泛的关注。近几年，随着电商行业的迅猛发展，包裹数量飙升，我们已经进入 10 亿级别的新物流时代，这给电商物流中心、邮政/快递分拨中心等场景下的分拣作业带来了严峻的挑战。一方面，是分拣作业量的陡增；另一方面，是对效率、准确率和体验要求的不断提高。然而，快递物品种类繁多，规格不一，传统分拣系统难以集中化、批量化处理。同时，用工难问题不断凸显，特别是在"618""双 11""双 12"等订单业务高峰期，用工荒现象进一步暴露。因此，市场对高效率、低成本、高柔性的分拣解决方案提出了新的要求。正是在这样的背景下，兼具柔性、效率和成本优势，AGV 分拣机器人应运而生，开始在电商、邮政、快递等行业得到越来越多的应用。在 2018 年"双11"前，菜鸟网与圆通速递联合宣布启用圆通杭州转运中心超级机器人分拨中心。据悉，350 台 AGV 分拣机器人昼夜作业每天可完成超 50 万件的包裹分拣。北京极智嘉科技有限公司（Geek+）在中国邮政武汉处理中心建立了全邮件、全流程、全系统、全自动的机器人分拣系统解决方案，这是全国快递行业首个全功能智能机器人项目，380 台分拣机器人，作业效率可达到 20 000 件/小时。Geek+在 2018 年"双 11"期间的数据也非常亮眼。Geek+的平台式分拣系统在中国邮政武汉分拨中心单日分拣包裹超过 25 万件，落地式分拣系统在某电商平台仓库单日分拣超 15 万件。据介绍，海康威视移动机器人帮助众多电商、快递企业平稳度过各类电商大促期间天量包裹的分拣考验。如在某知名电商位于上海的全球首个全流程无人仓项目 2 000 平方米的分拣场中，上下层共有近 400 台海康威视移动机器人投入运行，实现了小件快递和集合包裹的无人分拣、搬运作业，效率可达人工作业的 4 倍以上。为了进一步提高 AGV 分拣系统的效率，快仓开发了具备两条传送皮带，一次可以传送两个包裹的分拣机器人，目前这些机器人已经大量应用在中国邮政等企业的项目中。快仓分拣机器人的不断创新和高效作业能力体现的不单单是快仓机器人的实力，更意味着 AGV 分拣机器人的应用引起了物流行业的广泛关注，并且正在成为物流智能化发展的新趋势。

讨论：

什么情况下适合选用 AGV 搬运设备？

习题

一、填空题

1. 根据动力来源不同，叉车可分为_____叉车、_____叉车、_____叉车。
2. 最常用的起重机是_____。
3. 叉车电瓶保养时，时常需要加注_____。
4. 穿梭车系统主要解决物流过程中的_____问题和_____问题。
5. AGV 搬运机器人的导航方式有_____导航、_____导航和_____导航。

二、简答题

1. 简述"货到人"拣选系统的含义。
2. 简述智能搬运设备的发展趋势。

第五章 集装单元设备

Chapter 5　Container Unit Equipment

知识目标

　　掌握集装箱、托盘等设备的定义、特点、分类，掌握集装单元设备的应用

引导案例

"集装箱之父"麦克莱恩

　　说到集装箱，就不能不提马尔科姆·麦克莱恩（1915—2001）。20世纪40年代，马尔科姆·麦克莱恩由于改造（不是发明）了集装箱，提高了集装箱的便利性，推动了整个运输行业的巨大变革，而被尊称为"集装箱之父"。那么问题来了：改造蒸汽机也许有些技术含量，但是技术含量连制作罐头都比不上（抽真空和密封技术）的集装箱改造怎么可能有这么大的影响呢？我们知道，工业社会最重要的竞争来自成本节约，如果一项技术可以节省95%的成本，那就相当于带来了20倍的效率提升。这项技术可以说是颠覆性的，而集装箱就是这样的技术。麦克莱恩在纽约港第一次做的集装箱运输实验就实现了20倍的效率提升：使用集装箱运输啤酒，将每吨啤酒的运输成本从4美元变成20美分。过程是这样的：从啤酒工厂把啤酒装入集装箱开始，通过陆路转海路运输到目的地，省去了工厂到陆路运输再到海洋运输的中间人力搬运过程，因此从工厂到码头的装卸时间大大缩短，由数天压缩到几小时，从而使美国到欧洲的货运时间足足减少了4周，并且集装箱的堆叠使得每艘船的储运量比以前提高了6倍。在传统的运输过程中，货物没有统一的包装标准，这既限制了运输工具的运载量，又增加了货物从陆路运输到海路运输低效的手工搬运作业。集装箱这个标准化的运输单元，为整个运输系统优化中间流转效率提供了一种可能。

　　（资料来源：https://www.jianshu.com/p/59fbea0f54ae）

讨论：

　　集装箱是如何使每吨啤酒的运输成本从4美元变成20美分的？

第一节　集装单元设备概述

Section 1　Overview of Container Unit Equipment

一、集装单元化的基本概念

1. 集装

集装是将许多大小不同、形状各异的单件物品，通过一定的技术措施组合成尺寸规格相同、重量相近的大型标准化的组合体，这种大型的组合状态被称为集装。

2. 集装化

集装化是指将两个以上的重量轻、体积小的同种或异种货物组成重量和外形都一致的组合体，也称单元化或成组化。

集装化的概念源于装卸搬运方式的演进，古已有之。近代，特别是20世纪50年代以来，运输业的迅速发展，运输工具的大型化、高速化，使高效运输与低效率装卸成为物流过程中的突出矛盾（严重失衡）。集装化是解决这一矛盾的最有效的途径，因而得到了稳定、快速的发展。目前，集装化已运用于物流全过程的各个环节，发展成包括集装箱化、托盘化、货捆、网袋、框架、滑板、半挂车等多种方式的一种物流形式。

3. 集装单元化技术

集装单元化技术是物流管理硬技术（设备、器具等）与软技术（为完成装卸搬运、储存、运输等作业的一系列方法、程序和制度等）的有机结合。

二、物流集装化的特点

物流集装化的主要特点是集小为大，而这种集小为大是按标准化、通用化的要求进行的，它使中小件散杂货以一定的规模进入市场，进入流通领域，形成规模优势。集装化的效果实际上就是这种规模优势的效果。

三、物流集装化的条件

标准化和批量化是现代化生产的两项基本原则，前者是生产社会化、机械化和自动化的前提，后者是降低生产成本的主要途径。集装化是这两项基本原则在物流过程中的具体运用。在现代生产中，同一产品在本企业甚至全国范围内实现了标准化和批量化，但成千上万种产品同时进入物流系统，对物流系统来说，它们是非标准化的、零星的。通过集装化手段，物流实现了标准化和批量化，物流也就可以像生产一样实现社会化、机械化和自动化，并且物流成本实现了降低。因此，现代的集装化应具备三个条件。

（1）通用化。集装化要与物流全过程的设备与工艺相适应，不同形式的集装化方法之间、同一种集装化方法的不同规格的集装工具之间相协调，以便在物流全过程中畅通无阻。

（2）标准化。从集装化术语的使用，集装工具的外形和重量，集装工具材质、性能、试验方法，装卸搬运加固规则，一直到编号和标志，都必须标准化（包括国家标准和国际标准），以便进行社会和国际间的流通和交换。

（3）系统化。集装的概念不单纯指集装工具，而是包括集装工具在内的成套物流设施、设备、工艺和管理的总和，是一个联系生产与生产、生产与消费的动态系统。

四、物流集装技术的优势

物流集装技术的优势主要在于：便于实现装卸、搬运机械化和自动化，提高装卸、运输效率和整个物流系统的作业效率；提高货物运输质量，减少货物在运输过程中的货损和货差；便于堆码，提高单位面积的储存能力；便于物资储存，减少库房需要量；有利于组织联运，加速物资周转，实现"门到门"运输；节省包装费用，降低运输成本；便于清点件数，简化交接手续；装卸托运作业不受气候影响，保证车船正常运输，加快物资周转速度；对散装和液体货物可以减少环境污染；提高托运灵活性，加快物资周转。

五、物流集装化的意义

集装化是物流技术进步和结构创新的一项重大举措，具有重要的经济意义。

（1）为装卸作业机械化、自动化创造了条件，加速了运输工具的周转，缩短了货物送达时间，从总体上提高了运输工具载重量和容积利用率。

（2）节约了包装材料，减少了包装费用，同时减少了物流过程的货损、货差，保证了货物安全。

（3）便于堆码，提高了仓库、货场单位面积的储存能力。

（4）便于清点货件，简化了物流过程各个环节间、不同运输方式间的交接手续，促进了不同运输方式间的联合，实现了"门到门"的一条龙服务。

（5）减轻或完全避免了污秽货物对运输工具和作业场所的污染，改善了环境状态。

第二节 集装箱

Section 2 Container

一、集装箱简介

集装箱是指具有一定强度、刚度和规格的专供周转使用的大型装货容器。

使用集装箱转运货物，可直接在发货人的仓库装货，运到收货人的仓库卸货，在中途更换车、船时，无须将货物从箱内取出换装。集装箱最大的成功在于其产品的标准化及由此建立的一整套运输体系。能够让一个载重几十吨的庞然大物实现标准化，并且以此为基础逐步形成全球范围内的船舶、港口、航线、公路、中转站、桥梁、隧道、多式联运相配套的物流系统，这的确称得上是人类有史以来创造的伟大的奇迹之一了。

可以这样理解集装箱的定义：集装箱是满足以下几个方面的一种运输设备。

（1）具有足够的强度，能反复长期使用。

（2）适合一种或多种方式运输，在途中转运时，箱内货物不必换装。

（3）可进行快速的搬运和装卸，对货物有较强的防护、保护能力。

（4）便于货物装满或卸空。

（5）有1立方米及以上的容积。

二、集装箱的基本构造

1. 集装箱的基本组成

如图 5.1 所示，集装箱的基本组成包括：1——顶板，2——上横梁，3——右侧壁，4——顶角件，5——内衬板，6——底板，7——下横梁，8——底角件，9——角柱，10——下纵梁，11——后端门，12——左侧壁，13——上纵梁，14——前端壁。

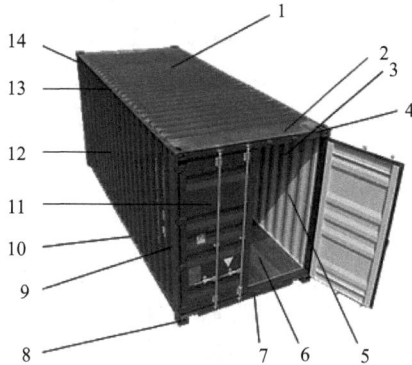

图 5.1　集装箱的基本组成

2. 集装箱的结构方位

如图 5.2 所示，集装箱的结构方位包括：1——起吊转锁，2——顶角件，3——底角件，4——固定转锁，5——集装箱。

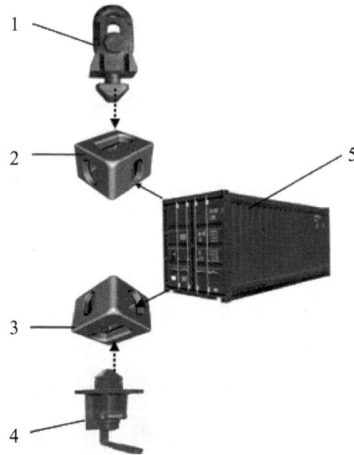

图 5.2　集装箱的结构方位

3. 集装箱的开门形式

集装箱的开门形式包括后端开门（见图 5.3）、两端开门（见图 5.4）、后端及单侧面开门（见图 5.5）、后端及两侧面开门（见图 5.6）四种形式。

图 5.3　后端开门

图 5.4　两端开门

图 5.5　后端及单侧面开门

图 5.6　后端及两侧面开门

三、集装箱的分类

1. 按集装箱的主体部件材料分类

集装箱根据主体部件（侧壁、端壁、箱顶等）材料可分成三种：钢制集装箱、铝合金集装箱、玻璃钢集装箱，此外还有木集装箱、不锈钢集装箱等。

其中，钢制集装箱用钢材制成，优点是强度大，结构牢，焊接性高，水密性好，价格低廉，缺点是重量大，防腐性差；铝合金集装箱用铝合金材料制成，优点是重量轻，外表美观，防腐蚀，弹性好，加工方便且加工费、修理费低，使用年限长，缺点是造价高，焊接性能差；玻璃钢集装箱用玻璃钢材料制成，优点是强度大，刚性好，内容积大，隔热、防腐、耐化学性好，易清扫，修理简便，缺点是重量大，易老化，拧螺栓处强度降低。

2. 按集装箱装运的货物进行分类

（1）杂货集装箱。杂货集装箱一般称通用集装箱，用来运输无须控制温度的件杂货，其使用范围极广，占全部集装箱的 80% 以上，如图 5.7 所示。

这种集装箱通常为封闭式，在一端或侧面设有箱门。杂货集装箱通常用来装运文化用品、化工用品、电子机械、工艺品、医药、日用品、纺织品及仪器零件等。不受温度变化影响的各类固体散货、颗粒或粉末状的货物都可以由杂货集装箱装运。

（2）散货集装箱。如图 5.8 所示，散货集装箱适用于装载豆类、谷物、硼砂、树脂等各种散堆颗粒状、粉末状物料，有玻璃钢制和钢制两种，前者一般用于装载麦芽和化学品等相对密度较大的散货，后者一般用于装载相对密度较小的谷物。

图 5.7　杂货集装箱

图 5.8　散货集装箱

（3）开顶集装箱。开顶集装箱是没有刚性箱顶的集装箱，但有由可折叠式或可折式顶梁支撑的帆布、塑料布或涂塑布制成的顶篷，其他构件与通用集装箱类似，如图 5.9 所示。

图 5.9　开顶集装箱

这种集装箱适于装载大型货物和重货，如钢铁、木材，特别是像玻璃板等易碎的重货，利用吊车从顶部吊入箱内不易损坏，而且便于在箱内固定。

（4）台架式集装箱。台架式集装箱是没有箱顶和侧壁，只有底板和四个角柱的集装箱，如图 5.10 所示。这种集装箱可以从前后、左右及上方进行装卸作业，适合装载长大件和重货件，如重型机械、钢材。其箱底的强度比普通集装箱大，而内部高度比一般集装箱低。台架式集装箱没有水密性，不能装运怕水的货物，或者需要用帆布遮盖装运。

图 5.10　台架式集装箱

（5）冷藏集装箱。冷藏集装箱是一种附有冷冻机设备，并且在内壁敷设热传导率较低的材料，用以装载冷冻、保温、保鲜货物的集装箱，如图 5.11 所示。

图 5.11　冷藏集装箱

目前，国际上采用的冷藏集装箱基本可分为两种：一种是集装箱内带有冷冻机的叫内藏式冷藏集装箱；另一种箱内没有冷冻机而只有隔热结构，即在集装箱端壁上设有进气孔和出气孔，箱子装在舱中，由船舶的冷冻装置供应冷气，叫作外置式冷藏集装箱。

（6）通风集装箱。通风集装箱是装运水果、蔬菜等不需要冷冻而具有呼吸作用的货物，在端壁和侧壁上设有通风孔的集装箱，如将通风口关闭，同样可以作为杂货集装箱使用，如图 5.12 所示。

图 5.12　通风集装箱

（7）罐状集装箱。罐状集装箱是专用于装运酒类、油类（如动植物油）、液体食品及化学品等液体货物的集装箱。它还可以装运其他液体危险货物。这种集装箱有单罐和多罐数种，罐体四角由支柱、撑杆构成整体框架，如图 5.13 所示。

图 5.13　罐状集装箱

（8）汽车集装箱。汽车集装箱是一种专门设计用来装运汽车，并且可分为两层装货的集装箱，如图 5.14 所示。

图 5.14　汽车集装箱

（9）牲畜集装箱。牲畜集装箱是一种专门设计用来装运活牲畜的集装箱，有通风设施，带有喂料和除粪装置，如图 5.15 所示。

图 5.15　牲畜集装箱

（10）服装集装箱。这种集装箱的特点是，在箱内上侧梁上装有许多根横杆，每根横杆上垂下若干条皮带扣、尼龙带扣或绳索，如图 5.16 所示。成衣利用衣架上的钩，直接挂在带扣或绳索上。

这种服装装载法属于无包装运输，它不仅节约了包装材料和包装费用，而且减少了人工劳动，提高了服装的运输质量。

图 5.16 服装集装箱

（11）集装箱充气袋。集装箱充气袋是一种创新和简易的运输保护工具，采用 PP 及 PE 覆盖的牛皮纸作为坚韧的外袋和气密性很高的内袋并装配气阀加工而成，内袋是由以 PP 或 PE 为主的 5 层共挤膜制成的，如图 5.17 所示。

图 5.17 集装箱充气袋

单向逆止气阀充气或放气操作迅捷，密闭牢固，可有效防止在卡车、集装箱或铁路运输中货物的相互碰撞，更是货物运输中原木材或发泡胶的新型环保替代产品。

3. 按集装箱的结构分类

（1）折叠式集装箱。折叠式集装箱，是指集装箱的主要部件能简单地折叠或分解，再次使用时，可以方便地再组合起来，如图 5.18 所示。

图 5.18 折叠式集装箱

（2）连体集装箱。连体集装箱就是用特制的连接器将两个以上的小规格的集装箱连接到一起，形成一个较大规格的集装箱，如图 5.19 所示。

图 5.19 连体集装箱

（3）成套集装箱。成套集装箱简称套箱，是由一组外部长宽高尺寸形成等差的集装箱组合而成的，如图 5.20 所示。

图 5.20 成套集装箱

（4）交换车体集装箱。交换车体集装箱也称箱体交换车体。这种集装箱的箱体结构与普通集装箱相同，但是在其底部配有四个可折叠的支腿，用于集装箱的支撑停放，如图 5.21 所示。

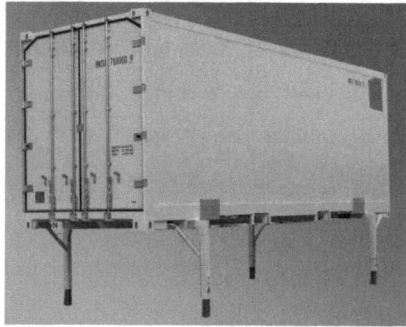

图 5.21 交换车体集装箱

四、集装箱的规格标准

1. 国际标准集装箱的型号和主要参数

20 尺柜：内容积为 5.69 米×2.13 米×2.18 米，配货毛重一般为 17.5 吨，体积为 24~26 立方米。

40 尺柜：内容积为 11.8 米×2.13 米×2.18 米，配货毛重一般为 22 吨，体积为 54 立方米。

40 尺高柜：内容积为 11.8 米×2.13 米×2.72 米，配货毛重一般为 22 吨，体积为 68 立方米。

45 尺高柜：内容积为 13.58 米×2.34 米×2.71 米，配货毛重一般为 29 吨，体积为 86

立方米。

20 尺开顶柜：内容积为 5.89 米×2.32 米×2.31 米，配货毛重为 20 吨，体积为 31.5 立方米。

40 尺开顶柜：内容积为 12.01 米×2.33 米×2.15 米，配货毛重为 30.4 吨，体积为 65 立方米。

20 尺平底货柜：内容积为 5.85 米×2.23 米×2.15 米，配货毛重为 23 吨，体积为 28 立方米。

40 尺平底货柜：内容积为 12.05 米×2.12 米×1.96 米，配货毛重为 36 吨，体积为 50 立方米。

2. 集装箱的计量单位

以公称长度为 20 英尺的集装箱作为换算标准箱，简称 TEU（Twenty-foot Equivalent Unit），对其他长度的集装箱进行换算，即 20 英尺集装箱为 1TEU，40 英尺集装箱为 2TEU，30 英尺集装箱为 1.5TEU，10 英尺集装箱为 0.5TEU，这样换算得出的集装箱数量称为"标准箱数"，并且用 TEU 作为标准箱数的计量单位。

五、集装箱的使用管理

1. 集装箱类型的选择

主要根据货物特性、货物种类与货名、货物包装尺寸、货物重量与集装箱的运输过程来选择集装箱类型。

2. 集装箱类型选择应遵循的原则

（1）货物外部尺寸与集装箱内部尺寸相适应，以成公倍数为最佳。

（2）按照货物比容选择最有利比容的集装箱。

（3）优先选择自重系数较小的集装箱。

（4）集装箱外部尺寸与运输工具尺寸相适应，以成公倍数为最佳。

3. 常见货物使用的集装箱

（1）干货集装箱用于装布匹、服装、玻璃、陶瓷、电视机、收录机、钟表仪器、自行车、缝纫机、工艺美术品和书籍等百货与杂货。

（2）冷藏集装箱主要用于装冷冻鱼肉、冰激凌等冷冻食品，也可用于装胶卷、药品、乳制品、黄油和糖果等需低温放置的货物。

（3）隔热集装箱用于装水果、蔬菜等需要保持鲜度的货物。

（4）通风集装箱用于装干鱼、水果、蔬菜等不需要冷冻但有呼吸作用的货物。

（5）罐式集装箱用于装酒、食用油、汽油、柴油、润滑油和化学品类等液体货物。

（6）散货集装箱用于装谷物、煤炭、盐和化学品。

（7）开顶集装箱用于装木材、钢材、大型货物和重物。

（8）汽车集装箱用于装小型轿车。

（9）动物集装箱用于装鸡、鸭、鹅、牛、猪、马和羊等活家畜。

4. 集装箱的管理

为了随时能够掌握和控制集装箱在周转使用过程中的各种状态，需要采用高效率的集装箱管理信息系统——集装箱编目控制系统进行管理。集装箱编目控制系统将有关集装箱的固定特征，如箱号、箱类、箱型、尺寸、购（租）箱、地点和日期等资料事先储存在计算机中，而集装箱的日常动态信息使用特定的代码随时输入计算机。

集装箱编目控制系统不仅能够掌握及跟踪分布在国内外集装箱码头堆场、集装箱货运站、内陆货站、货主仓库及运输途中的有关集装箱地理位置和使用状态变化的动态信息，而且能够对各个运输环节的集装箱需求情况做出预测，此外，还可以汇总、统计和分析有关集装箱管理方面的各项经营指标。

5．集装箱装箱的注意事项

（1）重量的配置及货物的先后顺序。集装箱货物装运前要充分考虑卸货的先后顺序，后卸的货物应该先装箱，先卸的货物应该后装箱。

（2）货物的固定。因为在运输过程中的颠簸或振动，而使箱内货物容易移位的情况下，要注意固定货物，可采用：固定材料紧固法，用角钢等材料将货物固定；填充紧固法，在货物与货物之间、货物与集装箱之间用角钢等支柱在水平方向上固定，或者在其间插入阻隔物或垫子等方式避免货物移动；捆索法，在集装箱侧壁设置索环，用缆绳或皮带等固定货物。

第三节　托盘

Section 3　Pallet

一、托盘概述

1．定义

中国国家标准《物流术语》对托盘的定义是：用于集装、堆放、搬运和运输的放置作为单元负荷的货物和制品的水平平台装置。

作为与集装箱类似的一种集装设备，托盘现已被广泛应用于生产、运输、仓储和流通等领域，被认为是 20 世纪物流产业中的两大关键性创新之一。托盘作为物流运作过程中重要的装卸、储存和运输设备，与叉车配套使用，在现代物流中发挥着巨大的作用。托盘给现代物流业带来的效益主要在于其可以实现物品包装的单元化、规范化和标准化。

2．托盘的特点

作为一种集装化器具，托盘与集装箱相比主要有以下优点。

（1）托盘自重很小，因而用于装卸搬运和运输所消耗的劳动力较小，无效运输和无效装卸搬运作业量也都很小。

（2）由于造价不高、体积较小，只要组织得当，托盘就比较容易在交易各方之间交换使用，因而可以减少空托盘运输。

（3）托盘返空运输比较容易，而且在返空运输时占用运输设备的载运空间也很少。

（4）托盘使用方便灵活，货物装盘卸盘比较容易，适用的作业场合和货物种类也比较广泛。

托盘的主要缺点是其对货物的保护性差，长途搬运和运输需要进行固定，而且不能露天存放，需要有仓库等配套设施。

3．托盘在现代物流中的作用

（1）利用托盘将若干零散的单件物品集装成较大规格的装卸搬运单元货件，便于实现装卸搬运作业机械化、自动化，提高装卸作业的速度和效率。

（2）利用托盘进行理货和装卸搬运作业，便于迅速地将货物从一种状态转入另一种状态，从一个物流环节转入另一个物流环节，从而全面提高物流作业的速度。

（3）以托盘将零散货物集装成一个较大的包装单元，可以简化商品的运输包装，节约包装材料和费用，并且便于货物数量清点及管理，降低货损货差率。

（4）利用托盘储存货物，便于货物高层堆码或采用高层货架存放货物，实现立体化储存，可充分利用仓库空间，提高仓库容积利用率，并且便于实现机械化、自动化存取作业。

（5）利用托盘进行货物运输，便于货物快速装卸，便于快速从一种运输方式向另一种运输方式转换，避免单件货物的重复倒装等无效劳动，提高货物中转运输作业速度，加快运输工具的周转速度。

4．托盘的循环使用管理

托盘共用系统就是指使用符合统一规定的具有互换性的托盘，为众多用户共同服务的组织系统。

一些发达国家的托盘共用系统的运营方式主要有交换制和租赁制。交换制就是在托盘共用系统中，托盘不专属于某个固定用户，不强调每个托盘的归属和返还，可以在全系统内按数量进行广泛的交换使用。租赁制则是由专门的托盘公司统一经营的，托盘用户以租赁等方式在本地托盘经营机构租用托盘，并且交付一定的租金，托盘随货物到达任何地方的最终收货方卸货拆盘后，可以就近交还给当地的相关托盘经营机构，进行循环租用。

二、托盘的类型及应用

1．平托盘

平托盘是由承载面和一组纵梁相结合构成的平板货盘，其承载面上一般没有辅助结构件，底部设有叉车叉孔，可使用叉车或托盘搬运车等进行集装作业。

（1）平托盘的结构类型。

平托盘根据承载面的数量和形式可以分为单型、单面使用型、双面使用型和翼边型等；根据叉车货叉的插入方式可以分为双向进叉型、四向进叉型等，由此组合形成平托盘的基本结构类型，如图 5.22 所示。

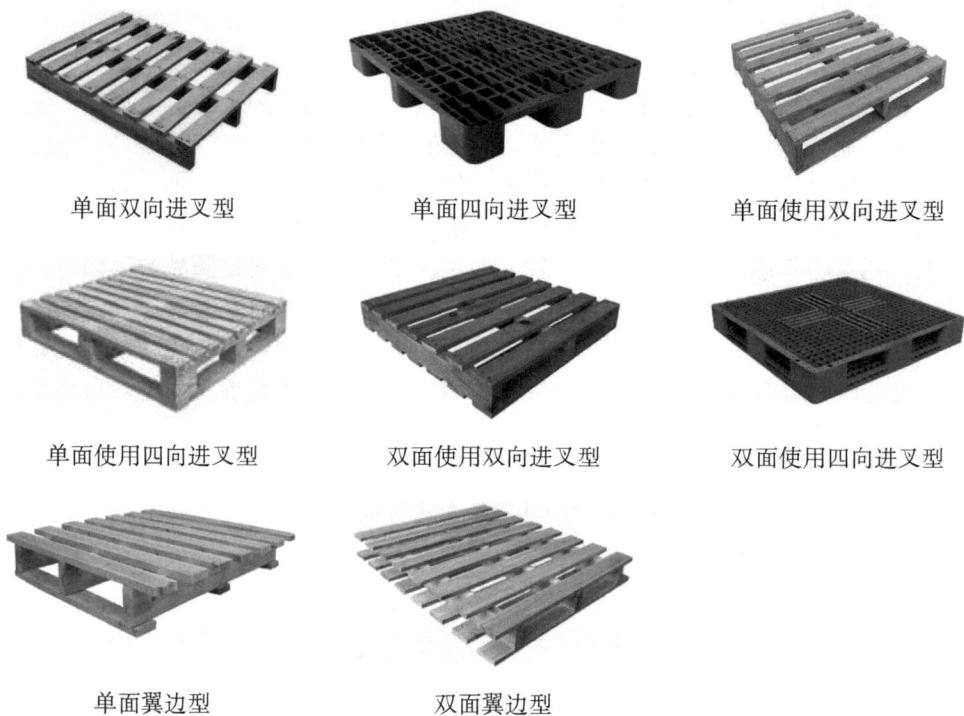

单面双向进叉型　　　　　单面四向进叉型　　　　　单面使用双向进叉型

单面使用四向进叉型　　　双面使用双向进叉型　　　双面使用四向进叉型

单面翼边型　　　　　　　　双面翼边型

图 5.22　平托盘的基本结构类型

（2）平托盘的材料类型。

平托盘的材料类型包括如下几种。

①木制平托盘，如图 5.23 所示。

图 5.23　木制平托盘

②塑料平托盘，如图 5.24 所示。

图 5.24　塑料平托盘

③钢制平托盘，如图 5.25 所示。

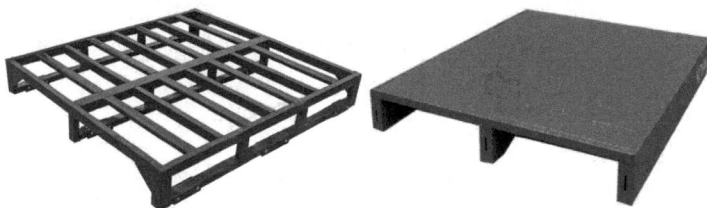

图 5.25　钢制平托盘

④铝合金平托盘，如图 5.26 所示。

图 5.26　铝合金平托盘

⑤纸制平托盘，如图 5.27 所示。

图 5.27　纸制平托盘

2．立柱式托盘

立柱式托盘是指带有用于支承堆码货物的立柱的托盘。立柱式托盘的基本结构是在托盘的四个角设置钢制立柱，立柱与托盘之间的连接形式有固定式、折叠式和可拆装式三种。

有的立柱式托盘为了增强立柱的支撑刚度，在立柱之间用横梁相互联结，形成框架式结构，如图 5.28 所示。

图 5.28　立柱式托盘

3．箱式托盘

箱式托盘就是在四面装有壁板，构成箱形的托盘。箱式托盘的壁板有整板式、密装板式和格栅式等结构形式，壁板与底座之间的连接形式有固定式、折叠式、可拆卸式三种，如图 5.29 所示。

图 5.29　箱式托盘

4．轮式托盘

轮式托盘是在立柱式托盘或箱式托盘的基础上，在底部装有小型轮子而构成的一种托盘，如图 5.30 所示。

图 5.30　轮式托盘

5．特种货物专用托盘

特种货物专用托盘分为以下几种类型。

（1）平板玻璃专用托盘，如图 5.31 所示。

图 5.31　平板玻璃专用托盘

（2）轮胎专用托盘，如图 5.32 所示。

图 5.32　轮胎专用托盘

（3）油桶专用托盘，如图 5.33 所示。

图 5.33　油桶专用托盘

三、托盘规格尺寸

国家质量监督局和标准化管理委员会 2007 年颁布的国际标准《联运通用平托盘主要尺寸及公差》（GB/T2934—2007）规定，自 2008 年 3 月 1 日起，我国推行使用的标准托盘平面尺寸规格为 1 200 毫米×1 000 毫米和 1 100 毫米×1 100 毫米两种，如图 5.34 所示，其中，优先推荐 1 200 毫米×1 000 毫米的托盘。

图 5.34　我国标准托盘平面尺寸

ISO 认可的托盘规格有：
- 欧洲规格为 1 200 毫米×800 毫米；
- 加拿大、墨西哥规格为 1 200 毫米×1 000 毫米；
- 美国规格为 1 219 毫米×1 016 毫米；
- 亚洲规格为 1 100 毫米×1 100 毫米。

知识拓展

仓储托盘的分类和作用

仓储托盘从字面上来看，实际上就是仓储物流当中的一种运输工具，也是仓储物流当中不可或缺的一个环节。仓储托盘依照材质的不同也分为几种不同的形式，钢制仓储托盘是其中承载能力最强的一种，可是其造价稍高，因此运用没有那么普遍。

仓储托盘可以依照材质进行分类，分为钢托盘、木质托盘与塑料托盘，其中钢托盘的承重较高，一般在仓储货架公司比较常见。仓储托盘还可以依照其结构进行分类，分为柱式托盘、平托盘、轮式托盘、箱式托盘，最常见的是平托盘，一般情况下仓储托盘都是平托盘。

仓储托盘可提升货物包装的效率；仓储托盘便于转移货物，是让静态货物转变为动态货物的媒介。仓储托盘能够提高货物搬运的速度，在降低生产成本与提升生产效率方面起着非常大的作用。

（资料来源：https://baijiahao.baidu.com/s?id=1614007228383904982&wfr=spider&for=pc）

第四节　其他集装单元设备

Section 4　Other Container Unit Equipment

一、集装袋

集装袋是一种袋式集装容器，也称柔性袋，如图 5.35 所示。集装袋主要用于装运散装的固体颗粒状或粉末状货物，常用于化肥、水泥、砂糖、纯碱、矿砂等货物的运输。

图 5.35　集装袋

二、液体集装袋

液体集装袋是一种以聚乙烯和聚丙烯等柔性材料制成的装运液体货物的密闭包装袋，如图 5.36 所示，它通常装在 20 英尺通用集装箱内进行载运。所以，液体集装袋也称集装箱液体集装袋或集装箱液袋。

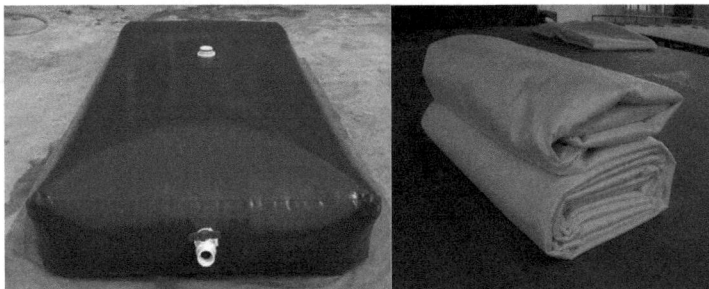

图 5.36 液体集装袋

每个集装箱液袋可正好放置于 20 英尺的集装箱内，其容积为 14~24 立方米。在非危险液体运输上可以代替昂贵的罐箱、铁桶等传统包装，最高容量可达 24 立方米，较桶装多出约 35%。运费以集装箱计算，而非油罐箱、特种箱，运价只需要支付单程运费，没有空箱返运费和清洗费用，并且能有效避免货物的交叉污染，大量减省装卸、包装及物料管理等费用，符合环保及食品包装要求，产品原材料对环境无污染，适合海运、铁路、陆运等运输方式。

三、滑板

1. 滑板概述

滑板是指在一个或多个边上设有翼板的平板，如图 5.37 所示，可将其作为搬运、存储或运输单元载荷形式的货物或产品的底板。滑板实际上是平托盘的一种特殊形式，所以也称为滑板托盘。

图 5.37 滑板

2. 滑板的结构类型

滑板的结构类型主要有单翼板型、对边双翼板型、邻边双翼板型、三翼板型、四翼板型，如图 5.38 所示。

单翼板型   对边双翼板型   邻边双翼板型

三翼板型   四翼板型

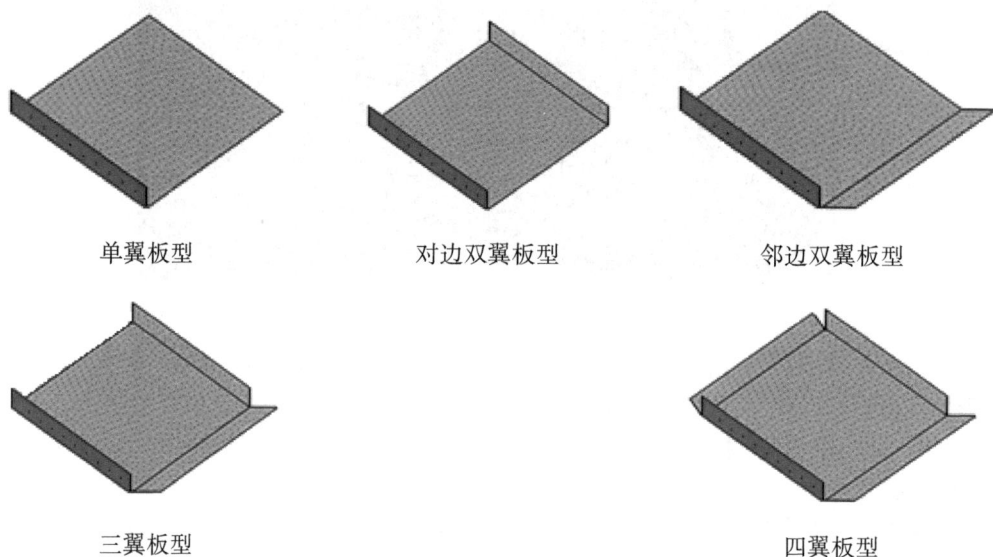

图 5.38   滑板的结构类型

3．滑板的特点及应用

滑板作为一种集装化器具，与普通平托盘相比具有以下优点。

（1）滑板的外形如同一张薄纸板，厚度和体积都很小，所以能更好地利用仓储和运输车辆的储运空间。

（2）重量轻，无效装卸搬运和运输作业量小，能节约装卸搬运和运输的费用。

（3）价格便宜，无须修理，所以使用费用低，而且没有周转费用。

（4）可以使用一次性托盘，无须周转管理或循环控制，没有周转费用。

（5）出口使用可以免商检、免熏蒸、免消毒。

滑板的缺点是其需要与带有推拉器的叉车一起使用，使用条件受到一定限制；强度较低，反复使用寿命较短。

四、集装网络

集装网络是使用高强纤维材料制成的集装器具，如图 5.39 所示。它的装运方式与集装袋相似。

图 5.39   集装网络

集装网络主要用于装运包装货物和无包装的块状货物，每集装网络一次装运

500~1 500 千克，在装卸中采取吊装方式。它比集装袋更轻，因而无效运输作业量更小，而且价格较低，节省集装费用。集装网络的主要缺点是对货物的防护能力差，因而应用范围有较大的限制。

五、周转箱

周转箱即物流周转箱，也称物流箱，主要是指以聚烯烃塑料为原料，采用注射成型方法生产的塑料周转箱。

1. 周转箱的类型

周转箱的类型包括通用型周转箱（见图 5.40）、折叠型周转箱（见图 5.41）、斜插型周转箱（见图 5.42）三种。

图 5.40　通用型周转箱

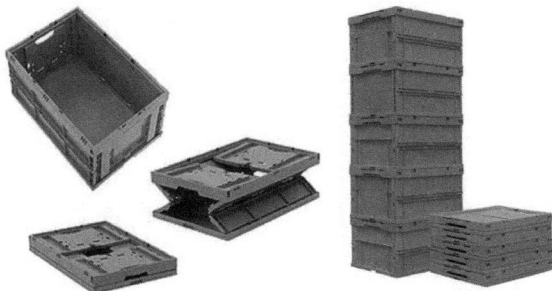

图 5.41　折叠型周转箱

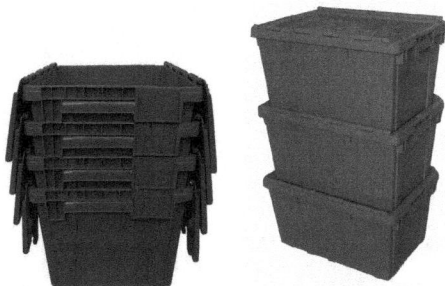

图 5.42　斜插型周转箱

2. 周转箱的规格尺寸系列

我国包装行业标准《塑料物流周转箱》（BB/T 0043—2007）规定，标准规格的周转箱规格尺寸（长×宽）优先系列为 600 毫米×400 毫米、400 毫米×300 毫米、300 毫米×200 毫米；高度优先系列为 120 毫米、160 毫米、230 毫米、290 毫米、340 毫米。标准规格的周转箱的设计载重量一般为 70 千克。

六、集装板

如图 5.43 所示，集装板是一块平面的铝板，货物放置在板上，由货网固定。集装板的四边都有一条轨道插座，将货网的插口插入轨道插座将货物网住。

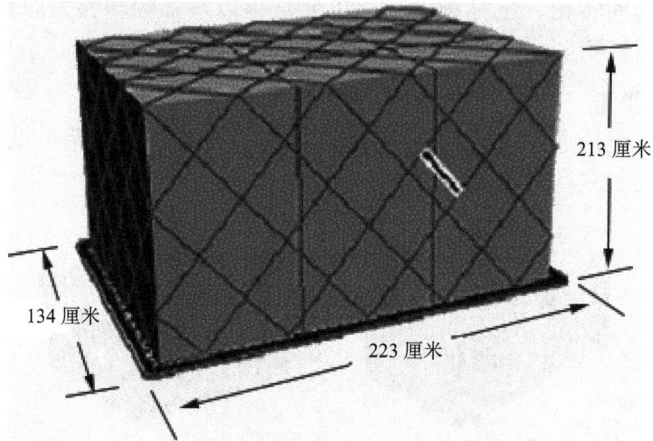

图 5.43　集装板

习题

1. 什么是集装化？集装化的特点有哪些？
2. 集装箱分为哪些类型？简述常用集装箱的结构特点和主要用途。
3. 简述托盘的概念和作用。

第六章 | 包装设备

Chapter 6   Packing Equipment

知识目标

　　了解几种典型包装设备的结构，掌握常用包装设备的工作原理、特点，熟悉打包机、裹包机、封口机、拆包机的概念及分类，掌握全自动打包机、全裹式裹包机的设计原理及功能

引导案例

打包机的市场潜力巨大

　　20世纪60年代初，随着聚丙烯材料的出现，国外成功研制了聚丙烯塑料带打包机。在许多领域，特别是轻工领域，打包机逐渐代替钢带捆扎，得到了迅速普及。

　　我国的自动打包机从20世纪80年代中期开始发展，最初在书籍、报刊发行部门获得推广，近年来发展异常迅速，现已广泛应用于轻工、食品、外贸、百货、印刷、医药、化工、邮电、纺织等行业。

　　打包机通常是指直接将单个或数个包装物用绳、钢带、塑料带捆紧扎牢，以便于运输、保管和装卸的一种包装作业机械。

　　我国打包机市场发展主要呈现以下特点。

　　打包机技术含量日趋增加。我国现有的一些打包机产品技术含量不高，而国外已将很多先进技术应用在打包机上，如远距离遥控技术（包括监控）、步进电机技术、自动柔性补偿技术、激光切割技术、信息处理技术等。

　　打包机市场日趋垄断化。目前，我国除了钢带打包机、气动打包机、小型全自动打包机、半自动打包机有一定规模和优势，其他包装机械几乎不成体系和规模。特别是市场需求量大的一些成套包装生产线，在全球市场上均被几大包装机械企业（集团）所垄断。

　　打包机零部件生产日趋专业化。国际包装界十分重视提高打包机加工和整个包装系统各部件的兼容性，所以打包机零部件生产专业化是发展的必然趋势。很多零部件不再由打包机生产厂家生产，而是由一些通用的标准件厂生产，某些特殊的零部件由高度专业化的生产厂家生产，真正有名的包装机械厂将可能是组装厂。产品向多功能与单一、高速两极化发展。打包机的作用最终在于提高生产效率和实现产品多样化。

　　我国打包机技术整体还落后于发达国家，但是我国打包机市场的需求促进了打包

机行业的发展，推动生产企业不断进行自我创新，改变落后的经营理念和发展思维。因此，我国打包机行业未来的发展非常乐观，只要企业能够抓住机遇，相信在不久的将来，我国打包机行业的发展水平会"站立"在世界包装行业发展水平的前端。

就发展趋势而言，主要表现为研制用于各种用途的打包机，如压缩打包机，以及研制代替钢带的重型带、聚酯带等，研制适应台式打包机的泡沫带、软带等，提高单机的自动化程度，使包装件从输送装置送进后，打包机能自动定位、捆扎、转位，并且以十字形、井字形等花样捆扎，采用微机控制以实现无人操作的自动捆扎生产线。国外的自动打包机已向 40 道/分钟至 60 道/分钟的目标发展。研制捆紧力随机调节的打包机，可以提高自动打包机在带宽、捆包规格、工作台高度、捆扎能力等环节的适应性。

目前，我国某些生产打包机的厂家通过采用国际标准和吸收国外先进技术特点的方式，在标准水平、设计制造技术和产品质量方面都有了较大的提升。比如，国内一些全自动无人化打包机，在质量上已达到国外同类先进设备的水平，可自动定位、捆扎、转位，以进行十字形、井字形等花样捆扎，采用微机控制，可实现无人操作的自动捆扎生产。打包机的发展趋势在向全自动化、高级化和多样化等方面延伸。

（资料来源：http://www.chinabgao.com/info/44225.html）

讨论：

打包机广泛应用于哪些行业？

第一节　全自动打包机

Section 1　Automatic Packing Machine

一、打包机概述

1. 打包机简介

打包机又称打带机、捆包机或捆扎机，是使用捆扎带捆扎产品或包装件，然后收紧并将两端通过发热、烫头、热熔粘接方式结合的机械。

打包机的作用在于加固包装物品，使物品在搬运、贮存过程中稳固、美观。常见的打包机主要有手动打包机、半自动打包机、全自动打包机，如图 6.1 至图 6.3 所示。

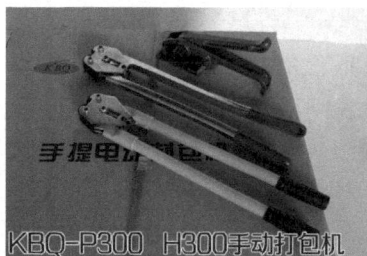

图 6.1　手动打包机

图 6.2　半自动打包机

图 6.3　全自动打包机

2．打包机的工作原理

打包机主要由送带、退带、接头连接切断装置、传动系统、轨道机架及控制装置等几个主要部件组成。

打包机的功用使塑料带能紧贴于被捆扎包件表面。在打包过程中，打包物体基本处于打包机中间。首先右顶体上升压紧带子的前端，把带子收紧捆在物体上；然后左顶体上升，压在下层带子的适当位置，加热片伸进两带子中间，中顶刀上升，切断带子；最后把下一捆扎带子送到位，完成一个工作循环。

3．打包机的分类

（1）按用途可分为金属打包机、塑料打包机、棉花打包机、秸秆打包机、废纸打包机（见图 6.4）等。

图 6.4　废纸打包机

（2）按机理可分为全自动水平式打包机、全自动加压穿剑式打包机、全自动穿剑式打包机（见图 6.5）、全自动加压式打包机、无人化打包机、手提式打包机等。

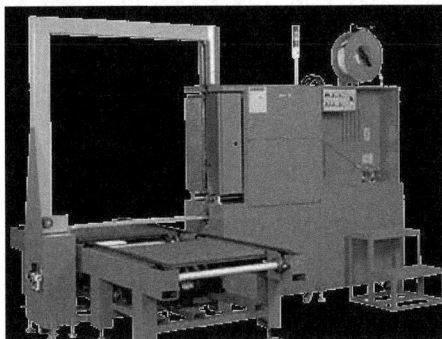

图 6.5　全自动穿剑式打包机

（3）按性能可分为手动打包机、半自动打包机、全自动打包机、全自动无人化打包机（见图6.6）等。

图6.6 全自动无人化打包机

二、全自动打包机

1. 含义

全自动打包机只需要按动开关就可以自动完成打包，方便快捷。全自动打包机被广泛应用于医药、食品、服装、五金、化工、邮政等行业，适用于包裹信函、纸箱、纸张、五金工具、陶瓷制品、日化用品、汽车配件、文体用品、器材等各种大小货物的自动打包捆扎。

2. 工作原理

全自动打包机在工作时，首先进行第一压头动作，将塑料带头部压紧；接着由凸轮控制微动开关接通收紧电磁铁，使压轮把塑料带紧压在持续转动的收带轮上，将导轨内的塑料带拉下，捆到包装件上；再由凸轮推动收带摆杆向右摆动，完成最终的捆紧功能。收回的塑料带均退入贮带箱内的上腔中。然后进行第二压头动作，压住塑料带的另一端，与此同时舌板退出，电热板插入两带之间，随后第三压头上升，剪刀将塑料带剪断。最后第三压头继续上升，两层塑料带被压与电热板接触，保证接触面能部分熔融，之后压头微降，待电热板退出后，再次上升把两层已局部熔化的塑料带压紧，使之黏合，经适当冷却后第三压头复位，面板退出，处于张紧状态的塑料带紧束在包装件上，完成捆扎动作。

3. 打包流程

（1）带子送到位。

（2）收到捆扎信号。

（3）制动器放开，主电机起动。

（4）右顶刀上升，顶住右带于滑板处。

（5）导板后退。

（6）接近开关感应到退带探头。

（7）主电机停转，制动器吸合。

（8）退带电机起动，退带 0.35 秒。

（9）带子收紧捆在物体上。

（10）主电机二次起动，制动器吸合。

（11）大摆杆二次拉带，收紧带子。

（12）左顶体上升，压紧下层带子。

（13）加热片伸进两带子中间。

（14）中顶刀上升，切断带子。

（15）中顶刀下降。

（16）中顶刀再次上升，使两带子牢固黏合。

（17）中顶刀下降，左、右顶刀同时下降。

（18）加热片复位。

（19）滑板后退。

（20）导板复位。

（21）接近开关感应到送带探头。

（22）送带电机起动，带动带子送带。

（23）大摆杆复位。

（24）带子到位，带头顶于导板上。

（25）接近开关感应到双探头。

（26）主电机停转，刹车吸合。

（27）完成一个工作循环。

4．分类

（1）按捆扎材料分。

①塑料带打包机：用于中、小重量包装箱的打包，所用塑料带主要是聚丙烯带、聚酯带、尼龙带等。图 6.7 是常见的塑料带打包机。

图 6.7　常见的塑料带打包机

②钢带打包机：用钢带作为捆扎材料，具有强度高等特点，主要用于沉重、大型包装箱。图 6.8 是常见的钢带打包机。

图 6.8　常见的钢带打包机

③手提式气动打包机：适用于钢铁、冶金、建材等行业，适合各种 PET 塑钢带。图 6.9 是常见的手提式气动打包机。

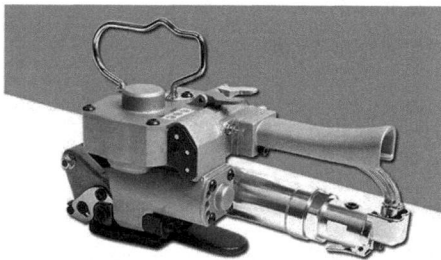

图 6.9　常见的手提式气动打包机

（2）按结构特点分。

①基本型打包机：适用于各种行业，其台面高度适合站立操作，多用于捆扎中、小包装件，如纸箱、钙塑箱、书刊等。

②侧置式打包机：捆扎带的接头部分在包装件的侧面进行，台面较低，适用于大型或污染性较大的包装件的捆扎。图 6.10 是常见的侧置式打包机。

图 6.10　常见的侧置式打包机

③加压打包机：对于皮革、纸制品、针棉织品等软性、弹性制品，必须先加压，压紧后再捆扎。加压方式主要包括气压和液压两种。图 6.11 是常见的加压打包机。

图 6.11　常见的加压打包机

④开合轨道打包机：打包机的带子轨道框架可在水平或垂直方向上开合，便于各种圆筒状或环状包装件的放入，然后轨道闭合捆扎。图 6.12 是常见的开合轨道打包机。

图 6.12　常见的开合轨道打包机

⑤水平轨道打包机：打包机的带子轨道为水平布置，对包装件进行水平方向捆扎，适用于托盘包装件等的横向捆扎。图 6.13 是常见的水平轨道打包机。

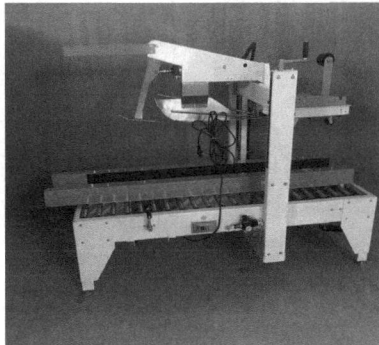

图 6.13　常见的水平轨道打包机

5．使用过程中的注意事项

（1）一定要做好电源的接地工作，插头上必须有符合要求的接地插脚，这样做是为了避免操作不当而引起触电。

（2）机器在运行过程中或在盖板后，不能用手随意触摸机器的运动部位，以免造成人身伤害。

（3）在具有腐蚀性和粉尘较大的工作环境中应尽量减少机器的使用频率，避免因使用不当而缩短机器使用寿命。

（4）需要特殊打包操作的物品，须在经过机器调试之后再进行工作，如易碎物品和易漏物品。

（5）全自动打包机的操作温度一般在 25~50℃。

（6）在打包机正常工作期间，如非专业的技术人员，请保持 1 米以上的距离，技术人员不能随意将头、手伸入环形圈内，以免造成不必要的伤害。

（7）使用前必须制定安全操作规程，培训专门的操作人员进行操作，以防止意外的发生。

（8）操作人员在进行操作时，如果出现机器故障，一定要先切断电源再进行维修，或者请专业的技术人员进行维修。

第二节　裹包包装设备

Section 2　Wrapping Package Packing Equipment

一、裹包

1. 裹包的含义

裹包就是在物品外面包上天然或人工制造的柔性材料，通过折叠、扭结、缠绕、黏合、热封、热成型和收缩等裹包操作，使物品被包装材料全部或局部包覆。

图 6.14 是常见的裹包产品。

图 6.14　常见的裹包产品

2. 裹包的特点

裹包适应了货物集装化储存、运输及机械化装卸作业的包装要求，适用于食品饮料、制灌、造纸、染料、塑胶化工、玻璃陶瓷等产品的包装。"量体裁衣"的贴身式裹包使包装材料最省，如图 6.15 所示。因外形紧凑，有利于节省流通运费。裹包既能提高生产效率，又能防止货物在搬运过程中的损坏，并且起到防尘、防潮及保洁作用。

图 6.15　裹包好的货物

二、裹包机

完成裹包操作的机器，称为裹包机，如图 6.16 所示。

图 6.16　裹包机

1. 裹包机的分类

按照包装形式的不同，可分为以下几种。

（1）半裹式裹包机。

（2）全裹式裹包机。全裹式裹包机包括折叠式裹包机、扭结式裹包机、接缝式裹包机和覆盖式裹包机。

（3）缠绕式裹包机。用成卷挠性包装材料多圈缠绕包装产品。

（4）贴体式裹包机。

（5）拉伸式裹包机。利用拉伸薄膜完成对大型商品和货物堆垛的集装式或加固式裹包。

（6）收缩式裹包机。利用收缩薄膜在加热烘道上完成裹包。

常见的裹包形式如图 6.17 所示。

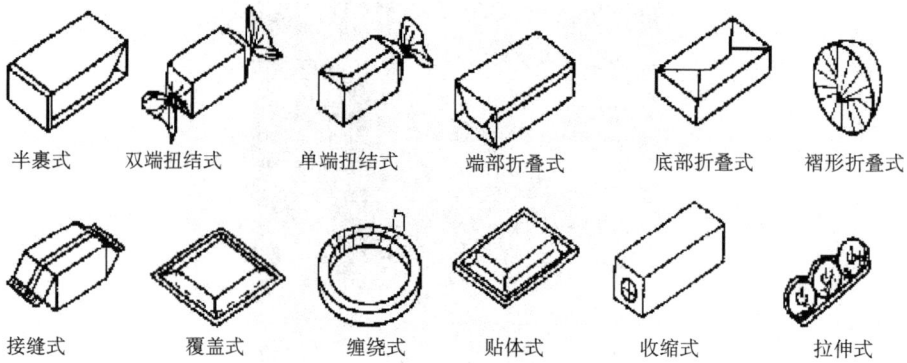

图 6.17　常见的裹包形式

2．裹包机的主要工作流程

（1）推料。将被包装物品和包装材料移送到包装工位。在移送时，有的还要完成一些折纸工序。

（2）折纸。使包装材料围绕被包装物品进行折叠裹包。根据折纸部位的不同，可分为端部折叠、底部折叠等。

（3）成型。使包装材料围绕被包装物品形成筒状。

（4）扭结。在围绕被包装物品裹成筒状的包装材料的端部，完成扭转封闭。

（5）涂胶。将黏合剂涂在包装材料上。

（6）热封。对包装材料加热封合。

（7）切断。将串联在一起的裹包件加以分离。

（8）缠包。将包装材料缠绕在被包装物品上。

第三节　封口包装设备

Section 3　Sealing and Packaging Equipment

一、封口机概述

封口机是将充填有包装物的容器进行封口的机械。

在产品装入包装容器后，为了使其得以密封保存，保证产品质量，避免产品变质，需要对包装容器进行封口，完成这种操作的机械就是封口机，如图 6.18 所示。

包装产品被充填入包装容器或直接送到裹包材料片中后，封口就是进入包装工艺中不可缺少的工序。容器封口能有效保护产品，使产品在保质期内不因包装作业影响而损坏变质，还有利于包装产品的储存、运输及销售陈列。

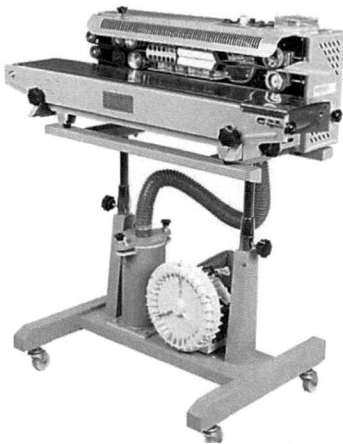

图 6.18　封口机

二、封口机的工作原理及操作规程

（一）工作原理

封口机属于包装机械，由机架、减速调速传动机构、封口印字机构、输送装置及电器电子控制系统等部件组成。接通电源，各部件开始工作，电热元件通电后加热，使上下加热块急剧升温，并且通过温度控制系统调整到所需温度，压印轮转动，根据需要冷却系统开始冷却，输送带送转并由调速装置调整到所需的速度。

当装有物品的包装放置在输送带上时，封口机的封口部分被自动送入运转中的两根封口带之间，并且带入加热区，加热块的热量通过封口带传输到袋的封口部分，使薄膜受热熔软，再通过冷却区，使薄膜表面温度适当下降，然后经过滚花轮（或印字轮）滚压，使封口部分上下塑料薄膜黏合并压制出网状花纹（或印制标志），再由导向橡胶带与输送带将封好的包装袋送出机外，完成封口作业。

（二）操作规程

封口机的操作规程大同小异，常见的操作规程如下。

1. 开机过程

（1）开机前应检查各紧固件是否牢固，尤其对传动轮上的螺钉要认真检查，确保紧固。

（2）接上电源，打开电源开关，绿色指示灯亮起。

（3）把调速旋钮旋转到零刻度，调速开关打开。

（4）逐渐旋转调速旋钮，使输送带加速到工艺速度。

（5）把调温旋钮旋转到零刻度，温控开关打开。

（6）逐渐旋转调温旋钮，把温度加热到工艺温度。

（7）待温度和速度分别达到生产工艺要求，就可以放上样品进行试机。观察合格后开始大批生产。

（8）根据包装袋品种不同或工艺要求进行选择。

2. 关机过程

（1）关闭加热电源。

（2）待温度冷却后，关闭输送电源及冷却电源。

（3）关闭总电源。

（4）长时间停机时，把电源插头拔下。

3．注意事项

（1）操作时请勿将手放在皮带轮之间。

（2）请勿用手直接触摸加热片。

（3）勿用水冲洗机器，保持设备干燥。

第四节　开箱机与拆包机

Section 4　Unpacking Machine and Copper Sheet

一、开箱机

开箱机也叫纸箱成型机，是箱子底部按一定程序折合，并且用胶带密封后输送给装箱机的专用设备。

现在市场上常见的开箱机基本上都是自动开箱机。

开箱机集自动开箱、自动折合下盖、自动密封纸箱底部于一体。

机器大多采用"PLC+人机界面"控制，折底不停留，输送中完成折底、封底，同时完成吸箱、成型，操作方便、维修简单、性能稳定，是自动化规模生产必不可少的流水线设备。

一般而言，开箱机按产品系列可分为纸箱成型机、开箱封底机、自动开箱机、高速开箱机、立式开箱机、装盒机、纸片装箱机、卸箱机等。按机器的自动化程度可分为自动纸箱成型机、全自动纸箱成型机等。

图 6.19 是自动开箱机，开箱流程如图 6.20 所示。

图 6.19　自动开箱机

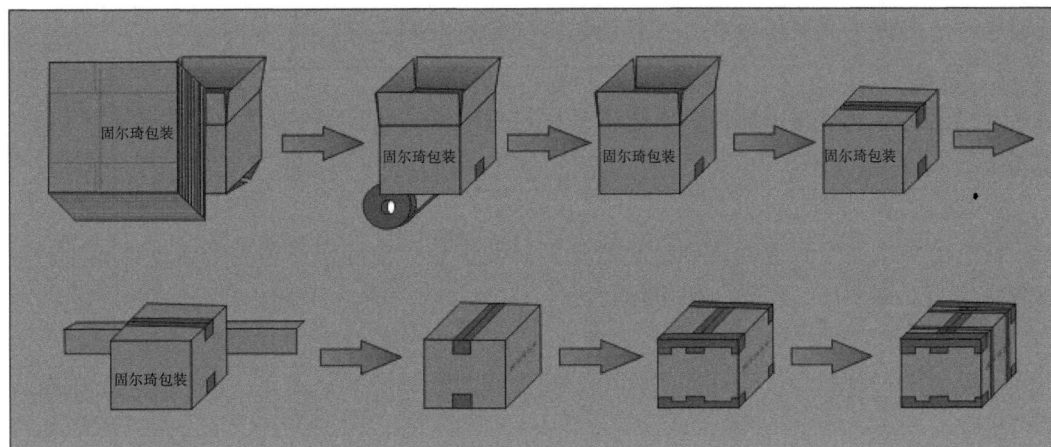

图 6.20 开箱流程

二、拆包机

(一)拆包机概述

拆包机又称压块分解机,是新一代专业拆解废金属包块的检测设备。它可以检测金属包块内的杂质,确保废钢含量,保证废钢的产品质量,以维护废钢市场的稳定,该产品多应用于钢铁、冶炼等行业,如图 6.21 所示。

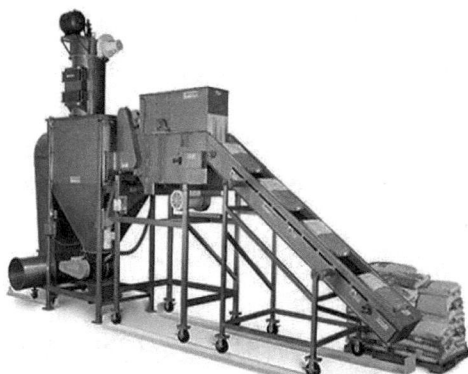

图 6.21 拆包机

近些年因为对粉尘控制的要求日趋严格,同时随着劳动力成本和职业健康要求的提高,拆包机逐步在一些企业开始投入使用。拆包机在欧洲所用的包装袋多数是多层纸袋包装,大批量的投料大多通过罐装车进入筒仓,然后通过风送的方式进入缓冲仓完成投料,因此目前在欧洲,自动拆包机多数为小型化的、针对纸袋的自动拆包投料设备。在国内,原料采用编织袋、塑料袋、纸袋等各种不同的包装袋,而且单包重量大、投料量大。

(二)拆包机工作原理

拆包机是通过液压柱塞泵向集成油路供油,经过分配手动阀向液压缸传送后,产生动力。

压力可以根据实际情况的不同调到需要的额定值(额定值大小由压力表显示)。拆包机通过液压机械手抓挤压分离，并且通过多次分解拆解包块。

1．运包

运包由马达通过减速器传到链轮带动皮带运输机转动，将料包立放在皮带运输机上，运到夹包部分。

2．夹包

夹包由马达通过减速器传到链轮带动两对斜齿轮，使两根三角皮带将皮带运输机运来的料包的上端夹住，向拆包机里运行。

3．拆包

在夹包运行过程中，由马达直接带动圆盘铣刀从包的下端剖开，包中的物料则落入拆包机中。

4．除尘

在拆包的同时，开动除尘器的马达，将散发出的粉尘抽去。

（三）拆包机操作规程

（1）拆包机操作人员必须在具备专业操作资格证、上岗证后方可操作设备，严禁无证操作。

（2）拆包机操作人员进入工作现场必须穿戴好防护品，并且做到随叫随到，不能耽误拆包，有特殊情况须提前通知作业区。

（3）拆包机操作人员要遵守作业区各种安全规章制度，服从管理。

（4）车辆启动前要检查油管是否破损、各部位螺丝是否松动等。确认车辆周围无障碍物及人员，机械臂活动范围无障碍。

（5）拆包机操作人员在拆包时要听从地面人员指挥，不能私自决定拆包位置。

（6）拆包时首先要确认钢包在拆包位放稳放牢，钢包包底位置不能有人员走动或停留，以免透气芯打出砸伤人员。

（7）指挥人员要站在拆包机 2 米以外，严禁在机械臂的活动范围内，严禁站在机械臂下指挥拆包，无关人员要远离拆包机。

（8）拆包时先拆包底，后拆包壁，拆时要找好位置，先拆周围，控制力度，防止法兰盘变形及螺栓断裂。

（9）进入钢包内测量包衬厚度时，要确认好钢包上部无松动的残渣、废钢，避免掉落砸伤人员。进入钢包时要站稳，注意脚下，防止摔伤。

（10）作业结束后，拆包机要停到原位，做好机身清洁卫生。

（11）要及时吊走钢包，并且组织清理废物斗内及拆包台周围的废旧耐材。

案例

电商包装现三大新变化

每个行业都希望拥抱电商，包装行业也不例外。电商包装的市场潜力极大。随着电商的日益发展壮大，电商包装系统和包装标准不再依赖于快递公司提供的现成包装，真正符合电商特性的包装，需要符合定制化、使用新材料、注重用户体验的要求。

1. 变化一：定制化

电商企业对包装有一定的定制要求，要求包装印刷精美，但在数量上不如快递公司多。电商公司依赖于网络而存在，相较传统实体店，电商公司更依赖回头客。为了在顾客心中形成良好的口碑，在自己的包装物料上定制能体现公司实力、产品特色的信息，是非常经济而有效的宣传手段。电商企业定制的物料，往往颜色鲜艳、图案复杂，对印刷提出了更高的要求。

如果一家包装印刷企业拥有可印 8 色的铜版印刷机、柔版印刷机、轮转印刷机，以及经验丰富的生产技术人员，完全能满足电商企业对印刷的需求，就可以为如唯品会、京东、小米、小猪班纳等大企业定制快递袋，因为这些企业都需要印刷高精度图案或人像。众所周知，如果在快递袋封口位置印有油墨的话，就会造成胶水黏性降低，所以很多快递袋封口位置并不印刷。但通过一些技术已能解决这一难题，即市场上推出的满版印刷快递袋就可以在封口位置印刷，不影响封口胶黏性。

针对电商企业需求量小的情况，一些企业推出了小批量定制业务，如市场推广的"封箱胶 40 卷起订"项目，客户只需要定制 40 卷胶带，就可在胶带上加企业信息，由此解决了小电商、微商定制的大难题。

2. 变化二：使用新材料

电商企业更愿意用手感好、形象佳的新材料。如电商企业定制的快递袋、气泡袋一般都愿意采用全新料。全新料相对于再生料、混合料，具有表面光滑、手感好、无异味、形象好、能印刷精美广告等特性，采用全新料往往也能提升包装档次，所以全新料包装产品广受电商企业的欢迎。

近年来，跨境电商发展迅猛，因为涉及空运、跨国运输，所以其对包装材料的轻量化、环保优质有更高的要求。以从我国空运快递到美国为例，重量每降低 1 克，就能减少 7 分钱的运输成本。在快递件重量一定的情况下，只能减轻包装物料的重量。例如，现在可提供的超韧性快递袋，其重量比普通快递袋轻，薄但韧性好，非常适合跨境电商企业使用。

3. 变化三：注重用户体验

电商企业更注重功能性包装，以及用户体验。如京东目前使用的可多次使用快递袋，快递袋封口有裂线，裂线下有手挽孔，客户收到快递后，撕开裂线即可拆封快递袋，手挽孔方便客户手提。还有连卷带孔快递袋，不需要封口胶，用机器打包、封口，既节约包装成本又提升包装效率，这些功能性包装备受电商客户的喜爱。

（资料来源：http://news.pack.cn/show-344693.html）

讨论：

（1）电商包装的三大新变化是什么？

（2）结合身边事，谈谈你所理解的现代化包装。

习题

一、填空题

1. 常用的打包捆扎材料有：＿＿＿＿、＿＿＿＿、＿＿＿＿、＿＿＿＿。
2. 全裹式裹包机包括：＿＿＿＿、＿＿＿＿、＿＿＿＿、＿＿＿＿。

二、名词解释

1. 全自动打包机。
2. 开箱机。

三、简答题

1. 简述裹包机的主要工作流程。
2. 简述自动开箱机的主要特点。

第七章 流通加工设备

Chapter 7　Distribution Processing Equipment

知识目标

　　了解流通加工的概念、作用，理解流通加工的类型，掌握常见的流通加工设备的类型，掌握冷链物流设备的构成

引导案例

700 亿斤粮是如何浪费的

　　收割抛洒损耗、存储火烧霉变、流通搬运抛洒、加工过度抛光……根据有关数据测算，我国每年仅在粮食储存、运输和加工环节造成的损失及浪费就高达 700 亿斤，接近我国粮食总产量的 6%，相当于产粮大省吉林省一年的粮食产量。粮食产后损耗已成为影响我国粮食安全的重要因素。

　　收割：抛洒损耗

　　机械化收割在提高农业生产效率的同时，也增加了粮食遗漏数量。黑龙江省的一些农民介绍，以前人工收玉米时都是先把玉米秸秆割倒，然后再把玉米棒逐一掰下来，运到家里后再脱粒。这期间的工作大部分都靠人力，干活仔细，收的过程中损失很少。但机械化收割后有了变化。黑龙江省勃利县勃利镇星华村农民齐云朋说，"有时候玉米水分少，玉米粒比较干、脆，收割玉米棒时就容易掉下玉米粒儿；赶上玉米倒伏，还会落下一些玉米棒，每年这样的损失都不少。水稻收割同样如此。"黑龙江省海伦市伦河镇西伦村甄士玖是当地的水稻种植大户，他说，"在机械收割水稻的过程中，经常会有稻粒顺着稻草被抛洒出来，这种损耗很难计算，但肯定不少。"如今，机会成本的增加使很多农民不再愿意去理会这些零碎的粮食。一些农民告诉记者，搭上一天时间，在地里找那么一点儿稻谷或玉米棒，不如出去打一天工，更多的钱都挣回来了。

　　仓储：火烧霉变

　　记者在吉林省四平市、长春市的部分地区的农村采访时发现，不少农民家里储粮还是采用直接堆放在地上的方式。殊不知这样的储粮方式造成浪费不说，还极易导致霉变。吉林省四平市伊通满族自治县黄岭子镇莽丈村农民陈凤东说："对粮食保管，我们也很头疼，老鼠吃、地返潮，再小心都有损失。"记者在广东、山东等地采访了解到，当前农户储粮中都存在着与吉林省类似的情况。时任国家粮食局局长任正晓在接受采访时表示，由于农户家庭储粮装具普遍简陋等原因，农户储粮损失率约为 8%，

每年仅这一环节的粮食损失就达 400 亿斤。在粮食仓储环节的损耗，除了农民储粮，"国有粮库"因非正常原因造成的损耗也不容忽视。

流通：搬运洒落

记者在采访中了解到，部分粮食收储企业由于存储设施简陋、运输方式落后，不仅增加了存粮风险，还制约了粮食的中转调运，增加了粮食在流通中的损耗。在吉林省的一些地区，多数粮食仍是包粮运输。业内人士介绍，包粮运输出于成本考虑，都不会用质量好的袋子，在装卸、运输过程中难免会破漏，这个没办法计算，只能是漏多少损失多少了。记者在从吉林省长春市前往四平市的途中，看到一辆运输粮食的汽车尾端不断有玉米粒洒落出来，甚至像水流一样一直不断。目前，东北不少粮食运往南方都要经过多道转运：粮贩从农民手中收粮后，集中运输卖给当地粮库；到了粮库以后，如果走铁路，需要先用汽车运到火车站，运到销区后再倒汽车，才能到市场批发商或者加工商的手里。东莞市南方粮油有限公司经理蔡焕元说，"从东北到东莞，走铁路至少有三四次装卸，每装卸一次就多一部分损耗。但具体损耗了多少，每家每次都不一样，不好统计。"

加工：过度抛光

随着经济生活水平的提高，人们在购买大米时，不仅要求口味，还要求卖相。长期研究粮食安全问题的华南师范大学三农研究所所长胡靖说，以前大米加工去壳后简单清理就行了，但现在消费者要求"光鲜"，大多数大米都会进行抛光，甚至多次抛光。"大米抛光加工后，看起来的确晶莹剔透，卖相良好。但事实上，抛光一次，大米就减少一层，出米率也就降低了。也就是同样数量的稻谷，抛光越多，产出的大米成品就越少。这事实上是过度加工，变相浪费了粮食。"北大荒米业集团御绿制米有限公司党支部书记李桂英告诉记者，粮食过度加工，不仅降低营养，而且会增加生产成本，从粮食安全和消费者营养的角度来说，得不偿失。

（资料来源：吴涛等，从收割、仓储、流通、加工诸环节细看 700 亿斤粮是如何浪费的[J]. 农村. 农业. 农民 A 版，2014（11）：18-19.）

讨论：

粮食在流通加工中存在哪些浪费？

根据《中华人民共和国国家标准物流术语》（GB/T18354—2001），流通加工的定义为：物品在从生产地到使用地的过程中，根据需要施加包装、分割、计量、分拣、刷标志、拴标签、组装等简单作业的总称。

流通加工是流通中的一种特殊形式，它是物品从生产领域向消费领域流动的过程中，为了促进销售、维护产品质量和提高物流效率对物品进行的加工。它是一种重要的加工形式，对推动国民经济的发展、完善国民经济的产业结构具有一定的意义。

第一节 剪切设备

Section 1 Shearing Equipment

一、剪切机概述

剪切机是用于切断金属材料的一种机械设备。在轧制生产过程中，大断面的钢锭和钢坯经过轧制后，其断面变小，长度增加。为了满足后继工序和产品尺寸规格的要求，各种钢材生产工艺过程都必须有剪切工序。

剪切机适用于金属回收加工厂、报废汽车拆解场、冶炼铸造行业，对各种形状的型钢及各种金属材料进行冷态剪断、压制翻边，以及对粉末状制品、塑料、玻璃钢、绝缘材料、橡胶的压制成型。剪切机分为不同的种类，如金属剪切机、联合冲剪机、液压剪切机、棒料剪切机等。金属剪切机里最常用的是鳄鱼式剪切机和龙门式剪切机。

二、常见的剪切机设备

（一）圆盘式剪切机

圆盘式剪切机的上下剪刀是圆盘状的。剪切时，圆盘刀以相等于轧件的运动速度做圆周运动，形成了一把无端点的剪刀。圆盘剪通常设置在板材或带材的剪切线上，用来纵向剪切运动的板材或带材。圆盘式剪切机如图 7.1 所示。

图 7.1 圆盘式剪切机

（二）鳄鱼式剪切机

鳄鱼式剪切机适用于金属回收公司、废钢厂、冶炼铸造企业，对各种形状的型钢及各种金属结构进行冷态剪切。鳄鱼式剪切机采用液压驱动，操作方便、维修简单，其剪切力从 63 吨至 400 吨共分 8 个等级。鳄鱼式剪切机如图 7.2 所示。

图 7.2 鳄鱼式剪切机

（三）龙门式剪切机

龙门式剪切机主要适用于钢板、铜板、镍板等金属板材的开料，剪切力在 100 吨至 250 吨，主要被剪切的材料尺寸为（12~20）mm×250mm，剪切次数每分钟 8~12 次。

龙门式剪切机采用液压驱动，与机械传动式剪切机相比具有体积小、重量轻、运动惯性小、噪声低、运动平稳、操作灵活、剪切断面大等特点。它的适用范围广泛，既可作为金属回收加工单位的加工设备，又可作为工厂铸造车间的炉料加工和机械建筑行业的金属剪断加工设备。龙门式剪切机如图 7.3 所示。

图 7.3　龙门式剪切机

第二节　切割设备

Section 2　Cutting Equipment

一、切割机概述

随着现代机械加工业的发展，其对切割质量、切割精度的要求不断提高，也越来越需要能够提高生产效率、降低生产成本，并且具有高智能化的自动切割机。

切割机分为火焰切割机、等离子切割机、激光切割机等。激光切割机效率最高，切割精度也最高，切割厚度一般较小；等离子切割机切割速度也很快，切割面有一定的斜度；火焰切割机针对的是厚度较大的碳钢材质。

二、常见的切割机设备

（一）金属切割机

金属切割机，也称金属激光切割机，它通过将激光束照射到金属工件表面时释放的能量来使金属工件融化并蒸发，以达到切割和雕刻的目的。

金属切割机具有精度高、切割快速、不受切割图案限制、自动排版、节省材料、切口平滑、加工成本低等特点。金属激光切割机与传统的切割方式相比，不仅价格低、消耗低，而且因为激光加工对工件没有机械压力，所以切割出来的产品的效果好、精度以及切割速度非常高。同时，它还具有操作安全、维修简单等特点。金属切割机如图 7.4 所示。

图 7.4 金属切割机

（二）玻璃切割机

玻璃切割机是指专用于玻璃加工与下料的一种加工机械设备。

玻璃切割生产线由上片台、电脑切割机、掰片机、下片台组成，流水线全程采用计算机控制，自动化程度高，维修保养方便。玻璃切割机如图 7.5 所示。

图 7.5 玻璃切割机

玻璃切割是玻璃深加工过程中的第一道工序，也是使用最多的工艺。用自动玻璃切割机切割时，需要先进行排版，然后才能进行切割、除膜等工艺。这不仅要求在玻璃原片上排出尽可能多的符合要求形状的裁片，以提高原材料的利用率，而且要求排版操作简单易行。

（三）石材切割机

石材切割机是一种由切割刀组、石料输送台、定位导板及机架组成的多刀多级切割机。

石材切割机可对石料进行不同深度的切割加工，可对体积在 1 立方米以下的石料进行加工，能变废为宝，大大节约石料资源，也有利于保护环境。石材切割机可对各种类型的石料进行机械切割加工，加工效率较高，并且能有效利用小型石料，因此能有效降低生产成本。

（四）数控切割机

机电一体化的切割机称为数控切割机，如数控等离子切割机、火焰切割机。它们通过数字程序驱动机床运动。随机配戴的切割工具随着机床运动时，对物体进行切割。

数控切割相对于手动和半自动切割方式来说，可有效地提高板材切割效率和切割质量，降低操作者的劳动强度。数控切割机如图 7.6 所示。

图 7.6　数控切割机

三、切割机的应用范围

切割机的应用范围包括金属和非金属行业。一般来说，非金属行业分得比较细致。例如，有切割石材的石材切割机、水切割机、锯齿切割机，有切割布料、塑料、化纤制品用的激光切割机、刀片式切割机，以及切割金属材料的火焰切割机、等离子切割机等。相对来说，激光切割机最昂贵，也是精度和效率最高的一种高科技切割设备。水切割机次之，火焰切割机再次之，成本也相对较低。等离子切割机的使用成本最低。

第三节　冷链设备

Section 3　Cold Chain Equipment

一、冷链物流概述

冷链物流泛指冷藏冷冻类食品在生产、贮藏运输、销售，到消费前的各个环节中始终处于规定的低温环境下，以保证食品质量，减少食品损耗的一项系统工程。

冷链物流的要求比较高，相应的管理和资金方面的投入也比普通的常温物流要大。

冷链物流的适用范围包括初级农产品、加工食品及特殊商品。初级农产品主要包括：蔬菜、水果、肉、禽、蛋、水产品、花卉产品。加工食品主要包括：速冻食品，肉、禽、水产等包装熟食，冰激凌和奶制品，巧克力，快餐原料。特殊商品包括药品等。

所以冷链物流比一般的常温物流系统的要求更高、更复杂，建设投资也要大很多，是一个庞大的系统工程。

冷链物流应遵循"3T 原则"：产品最终质量取决于冷链的储藏与流通的时间（Time）、温度（Temperature）和产品耐藏性（Tolerance）。"3T 原则"指出了冷藏食品品质保持所允许的时间和产品温度之间存在的关系。由于冷藏食品在流通中因时间及温度的变化而引起的品质降低的累积和不可逆性，因此对不同的产品品种和不同的品质要求都有相应的产品控制和储藏时间的技术经济指标。

二、冷链物流设备

冷链物流设备是指制造低温、低湿环境的设备，其实也就是我们平时说的制冷设备。

由于各个行业的需求与要求不同，因此其需要的冷链设备也五花八门，不过大致可以分为以下几种。

（一）冷库

1. 冷库概述

冷库是采用人工制冷降温并具有保温功能的仓储用建筑物，包括库房、制冷机房、变配电间等。

与冰箱相比，冷库的制冷面积要大很多，但它们有相通的制冷原理。冷库主要用于对食品、乳制品、肉类、水产、禽类、果蔬、冷饮、绿植、茶叶、药品、化工原料、电子仪表仪器等的恒温贮藏。

2. 冷库的分类

（1）食品类冷库。食品类冷库是用于食品冷冻和冷藏的建筑物，它通过人工制冷的方法，使库内保持一定的低温。为了减少外界热量的传入，冷库的地坪、墙壁和屋顶都敷设一定厚度的防潮隔气层和隔热层，以达到延长使用寿命、降低生产成本、节约维修费用的目的。

食品类冷库广泛应用于食品厂、乳品厂、化工厂、果蔬仓库、禽蛋仓库、宾馆、酒店、超市、血站、部队、试验室等。食品类冷库主要用作对食品、乳制品、肉类、水产、禽类、果蔬、冷饮等的恒温贮藏。

（2）药品类冷库。药品类冷库的温度一般为 $2\sim8℃$，制冷控制系统采用全自动微电脑电气控制技术，无须值守，主要存放药品、医疗器械，并且可监测和记录储存区的温度、湿度。

药品类冷库采用的是硬质聚氨酯彩钢板。这种库板采用高压发泡工艺，只进行一次灌注成型。双面彩钢保温板采用先进的偏心钩和槽钩的连接方式，实现库板与库板之间的紧密组合。可靠的密封性能最大限度地减少冷气泄漏，增加隔热效果。

3. 制冷技术

不同的制冷方法适用不同的设备，目前应用最广的是蒸气压缩制冷技术。

蒸汽压缩制冷技术的主要设备有压缩机、冷凝器、蒸发器和节流阀。压缩机用于压缩和输送制冷剂蒸气。其中，活塞式和离心式压缩机的应用最广。

4. 冷库的安全要求

（1）冷库用运输工具应符合相关标准要求。

（2）库房内应合理分区并设置相关标识，便于库房内的货物贮存、运输和管理。

（3）库房内应设应急照明、开启门锁及报警装置，可自救或报警求救。

（4）库房内的货架应有足够的强度和刚性。

（5）冷库门四周应设防撞护栏，并且有醒目的标识。

（6）装配式冷库应设压力平衡装置。

（7）机房内应配置氧气呼吸器、防毒面具、防毒衣、橡皮手套、木塞、管夹、酸性饮料等必需的防护用具和抢救药品，并且设在便于获取的位置，由专人管理，定期检查，确保能够使用。有关人员应熟练掌握氧气呼吸器等用具的使用和人员抢救方法。

（8）对于具有高压控制柜和配电柜的制冷机房应配置高压电操作的专用工具及防护用品。

（二）冰箱

冰箱是保持恒定低温的一种制冷设备，也是一种使食物或其他物品保持恒定低温冷态的民用产品。箱体内有压缩机、制冰机用以结冰的柜或箱，以及带有制冷装置的储藏箱。其主要分类如下。

1. 按用途分类

（1）冷藏箱。该类型冰箱至少有一个冷藏室，用以储藏不需冻结的食品，其温度应保持在0℃以上。但该类型冰箱可以具有冷却室、制冰室、冷冻食品储藏室、冰温室。

（2）冷藏冷冻箱。该类型冰箱至少有一间为冷藏室，一间为冷冻室。

（3）冷冻箱。该类型冰箱至少有一间为冷冻室，并且能按规定储藏食品，可有冷冻食品储藏室。

2. 按节能技术分类

按节能技术分类，可分为节能冰箱、电脑冰箱、无氟冰箱、变频冰箱等。

（1）节能冰箱。节能冰箱采用了先进的冰箱压缩机，制冷量、能效比等技术参数实现了最优化，冰箱的保温性能增强，整个冰箱箱体的导热系数因此优于一般冰箱。

（2）电脑冰箱。电脑冰箱是第三代数字温控冰箱，基于电脑人工智能，以精确数字温控为代表。它可在箱体外采用可视化的数字显示温度，对箱体内温度进行精确控制。即使频繁开启冰箱，也能通过电脑系统控制，改变压缩机的工作频率，使温度固定在设定数值，同时达到省电的效果。

（3）无氟冰箱。"无氟"一说来源于"没有氟利昂"，后来被人们简化为"无氟"。氟利昂对臭氧层有破坏，因此让不少人形成了"凡是有氟的就是破坏臭氧层的"这种认识误区。实际上，臭氧层的破坏是由于现在人们广泛使用的制冷剂、发泡剂、灭火剂、清洗剂中含有的氯原子和溴原子造成的，跟氟原子并无关系。目前开发出来的损耗臭氧层物质的替代品中很多都含有氟，这些替代品之所以对臭氧层没有破坏不是因为"无氟"，而是由于"无氯"。因为有氟冰箱是使用氟利昂11和氟利昂12来作为发泡剂和制冷剂的冰箱，但中国保护消费者基金会的专家指出，从化学反应式中可以看到，破坏臭氧层的元凶，是"氯"而并非"氟"。现在启用的冰箱制冷剂为R600a或R134a，替代了氟利昂12制冷剂，不再含有破坏臭氧层的氯原子和溴原子，但还是含有氟的成分的。无氟冰箱的制冷速度更快，更节能。

（4）变频冰箱。变频冰箱采用国际上最先进的"直流无级变频"技术，压缩机转速可以根据外界温度变化和食物储存情况，在2 000转到4 000转的区间内柔性变动。平滑变频既能避免能源浪费，比普通冰箱节能70%以上，也能将噪声值降低50%以上，还能延长压缩机和整机系统的使用寿命。

（三）保温箱

1. 保温箱概述

保温箱，顾名思义，就是一种在一定时间内能将温度保持在一定范围内的密封箱子。保温箱根据产品质地不同分为不同种类，包括塑料的、泡沫的、金属材质的、木制的等各种保温箱。

其中，将温度保持在低于常温，固定在 0~10℃范围内的保温箱称为冷藏箱。冷藏箱具有表面光滑、容易清洗、保温效果好、不怕摔碰的优点。

保温箱（见图 7.7）采用食品级的环保 LLDPE 材料。它是经过世界上最先进的旋转模压工艺一次成型精制而成的，配有不锈钢锁扣，底部配有橡胶防滑垫，无毒无味、抗紫外线、不易变色，表面光滑，容易清洗，保温效果好，不怕摔碰，可终身使用。产品配合冰袋使用，持续冷藏保温时间可达数天。

图 7.7　保温箱

2. 保温箱的分类

（1）根据用途，保温箱可以分为车载式保温箱、肩背式保温箱、手拎式保温箱。

（2）根据使用材料，保温箱可以分为泡沫类保温箱、防水布类保温箱、塑料类保温箱、金属材质类保温箱、木质类保温箱。

①泡沫类保温箱。用它盛装食物会严重影响我们的身体健康。当温度达到 65℃时，一次性发泡塑料中的有害物质将渗入食物中，会对人的肝脏、肾脏及中枢神经系统等造成损害。泡沫类保温箱一般采用的是聚氯乙烯塑料，主要用于低温冷藏运输。

②防水布类保温箱。采用牛津布或尼龙布制作而成的保温箱优点很多。它强韧耐磨，配置防水胶底，底部防滑。独立的保温食品仓，配置抗压系统，食品存放不受挤压。食品仓内里采用铝箔材质，通过 PE 棉隔热兼具保冷保热的保温功能。环保安全，可直接与食品接触。

③塑料类保温箱。塑料已被广泛应用于日常生活的各个领域，由塑料制成的用品如塑料袋、塑料杯、塑料瓶等随处可见。然而，市面销售的一些塑料制品所用的材质在不同的温度、湿度等条件下可能释放出有毒有害物质（甚至一些致癌物质），是不安全的。

④金属材质类保温箱。这类保温箱是货物单元集装、商品存储与商品流通的多功能设备之一。它的缺点就是过于笨重，不可拆卸，棱角容易划伤皮肤。

⑤木质类保温箱。它的缺点是保温性能差，优点是造价低。但它较为笨重，不方便携带送餐，不可拆卸，棱角容易划伤皮肤。

（四）冷藏车

冷藏车是指用来运输冷冻或保鲜的货物的封闭式厢式运输车。冷藏车是装有制冷机组的制冷装置和聚氨酯隔热厢的冷藏专用运输汽车，可以按生产厂家、底盘承载能力、车厢类型来分类。

冷藏车常用于运输冷冻食品（冷冻车）、奶制品（奶品运输车）、蔬菜水果（鲜货运输车）、疫苗药品（疫苗运输车）等。

冷藏车（见图 7.8）是低温冷链物流中的运输设备。它主要以汽车底盘、保温厢体及制冷机组三部分组成。只有这三部分都质量可靠才能保证冷藏车在冷藏运输过程中可靠、稳定。冷藏车按照种类划分为小型冷藏车、中小型冷藏车、中型冷藏车、大型冷藏车、面包式冷藏车和挂式冷藏车。

图 7.8 冷藏车

在挑选冷藏车时，需要考虑以下三个方面的要素。

1. 选择一款靠谱的底盘

在购买冷藏车时，要考虑很多因素，底盘是首要考量因素。用户挑选时需要根据自己的行车环境、货物吨位等，考虑车身结构和承载能力、节油性、排放标准等。冷藏车从整体看有单车式和挂车两种形式。一般在市区或县镇短距离运输的话，选用轻卡底盘较多；而从事长途运输的，一般货物运输量比较大，则会选用中重卡或半挂车形式的冷藏车。

与选择普通货车底盘相比，冷藏车还需要重点考虑底盘的稳定性。冷藏车运输的货物通常是有特殊温度要求的易腐货物，虽然有制冷设备，但仍需尽快送到目的地。现在市场上常用的汽车底盘有东风系列、解放系列、福田系列、江淮系列及五铃系列等。它们都有各自的优缺点，考量时主要看货物的重量。

2. 厢体选择强度高、重量轻、保温性能好的

冷藏货厢需要集保温性、密封性、防水性于一体，并且要在保温效果不变的情况下，重量达到最轻。减轻自重，才能多拉货。此外，货厢还要有一定的强度，外形方面也要尽量美观。现在最实用的厢体结构是全封闭聚氨酯板块黏结玻璃钢结构，其导热系数低，保温效果好，强度高，在国内外冷藏行业占据主导地位。厢体的厚度也决定了保温效果的好坏。货厢保温层越厚，保温效果越好。不过，货厢厚度增加，相应货物装载量会减少，因此用户应根据自己的需要来选择厚度。

另外，不同的货物对冷藏厢体有不同的要求。例如，运输鲜肉的冷藏车需要在厢体上安装导轨和挂钩，所以在车体结构上要预埋加固件，来保证厢体的坚固性能。为门店配送的冷藏车所装货物批量小、品种多，需要使用多温层冷藏车，并且其温度需求不一，装卸频繁，则需要多开门冷藏车。用户可以根据自己的需求定做。

3. 选购制冷机组，合适的就是最好的

在冷藏车三大主件中，制冷机组也是重要的一环，因为运送的货物大多是易腐物品，所以对温度的把控及对技术的要求都很高。

制冷机组按动力来源可以分为两种，一种是分体式制冷机组，一种是整体式制冷机组。分体式制冷机组制冷量小，多用于小吨位的车，其动力来源是汽车发动机，可选用电动机，停车时可外接电源。整体式制冷机组的制冷能力较强，多用于吨位较大的车，其动力源于自备内燃机和外接电源电动机两种动力装置。

制冷机组也可分为独立机组与非独立机组两种。独立机组拥有单独的动力源，完全通过另一个机组来发电维持工作；非独立机组则完全通过整车的发动机工作来带动机组的制冷工作。

目前，制冷机组在我国分国产和进口两类。进口的比较知名的有美国的冷王、开利，日本的电装等；而国产的有雪峰、东科等。国产和进口的制冷机组都能达到深冷，即零下100℃，配备一个好的制冷机组是给冷藏车配备一个良好的"心脏"。

（五）冰排/冰盒

冰排/冰盒（见图7.9）运用的是一种新型冷冻介质，其解冻融化时没有水质污染，可反复使用，其有效使用冷容量为同体积冰的6倍，可代替干冰、冰块等。

图7.9 冰排/冰盒

冰排/冰盒的外壳为塑料HDPE材料，内部为高分子聚合物，安全，无毒无味。冰排/冰盒一般搭配保温箱一起使用，可以起到降温、冷藏、冷冻的效果。其主要控制温度为2~8℃，充冷环境为-10℃以下即可，使用前需要完全冻结后再操作。冰排/冰盒一般应用在生物医药企业、医院、疾控中心、食品、军工、化工、化妆品、环境监测站、高校、科研机构等单位的冷链运输。

案例

日本联合公司的"水灵灵"果蔬物流

日本联合公司的总部设在横滨市港北区，企业简称为 UCO-OP，由 CO-OP、海员生协、CO-OP 神奈川、CO-OP 静冈、市民生协山梨、富士胶片生协等 6 个生活协同合作社组成，会员人数超过 177 万（截至 2008 年 3 月），规模之大全国屈指可数。UCO-OP 中超过 50 万户的会员利用"门到门"的"上门 CO-OP"服务来享受 1 800 种丰富的生鲜商品送货服务。这其中又以"水灵灵送货服务"最具特色。所谓"水灵灵"，即将清早采摘的果蔬在第二天以最短时间送货上门，从而保证果蔬的"鲜嫩度"。目前，这项业务已成为 UCO-OP 的主打服务项目。会员要享受这种"水灵灵"服务，需要每周进行一次订货。在日本，我们见到了每周一期订货用的宣传画册。上面有商品的货号、规格、产地、重量、包装等信息。可以说是一册在手，应有尽有。有了这样的订货信息，送货中心便可以开展"上门 CO-OP"服务。

送货中心的占地面积为 10 844 平方米，建筑面积达到了 11 297 平方米，为两层结构立体库。一层包括入货区和出货区、带泥土（如土豆等）的蔬菜加工区、周转冷藏箱存放区及包装箱处理室；二层为不带泥土的蔬菜加工区、补货区和集货区。仓库内温度：入货区和带泥土的蔬菜加工区保持在 20～22℃，其他工作区保持在 15～17℃。仓库的运转期是每周日到周四。切整、小分拣以及装袋等加工作业是从早 9 点到傍晚 6 点。向 UCO-OP 的 37 处前端配送网点的出货，是从傍晚 6 点到第二天早上 5 点。

中心内的核心物流设备是公司初次采用的带临时预放台且具有节拍输送机能的多订货式组合数字拣选系统（Combination Digital Pick System, C-DPS）和自动货物补充系统。C-DPS 以 6 箱为一个区间单位进行搬送，在搬送的间歇货物放入冷藏箱，临时预放台上总能保有等待拣选的 6 批订货，从而保证了更加准确的装箱，并且大幅度地减少了作业的等待时间。此外，凭借高速堆垛起重机的无人操作，以及向"滚轮式货架"供给商品的自动补充系统，实现了快捷处理并节省了占地空间，使补充作业非常简便，保证补充作业"零出错"，商品追踪准确无误。同时，采用滑块式分拣系统和码垛堆积机器人等，积极推进各个工作区的自动化，使货物从放入冷藏箱到出库全过程的各条流水线的员工人数减少到 28 名，取得了极好的节省人力的效果。

〔资料来源："日本大福现代物流经典案例之一"日本的农产品冷链物流——记 JA 全农果菜中心爱川集装送货中心[J]. 沙丁. 中国储运. 2010（12）.〕

讨论：

（1）日本的"水灵灵"果蔬物流用了哪些冷链物流设备？

（2）该公司有哪些地方值得我们学习和借鉴？

习题

一、填空题

1. 按照切割材料，切割机可以分为金属切割机和____切割机；按照控制方式，切割机可以分为____切割机和手动切割机。

2. 不同制冷方法适用不同的设备，目前应用最广的是蒸气压缩制冷技术。蒸汽压缩制冷技术的主要设备有____、____、蒸发器和节流阀。

3. 冷藏车是低温冷链物流中的运输设备。它主要以汽车底盘、保温厢体以及____三部分组成。

二、简答题

1. 常见的冷链物流设备有哪些？

2. 剪切设备与切割设备有什么不同？

第八章 物流信息技术设备

Chapter 8 Logistics Information Technology Equipment

知识目标

掌握物流信息技术设备的定义、特点，掌握条码技术知识、RFID 技术等信息采集设备应用，掌握 GIS、GPS、POS 系统信息技术设备应用

引导案例

从时尚到普及：二维码如何走进人们的生活

说起二维码，相信四五十岁的中年人也不会陌生了，它现在已经成为人们日常生活中随处可见的符号。公交地铁、食品饮料、饭店超市、微信支付宝……二维码已经完成了对日常生活的彻底渗透。但倒退七八年，别说扫描二维码，很多人连什么是二维码都不清楚。接下来，我们就聊一下二维码是如何"占领"人们的日常生活的。

所谓二维码（二维条码）是相对于条码（一维条码）而言的，条码诞生已经有数十年，我们小时候能见到的大多数商品就已经印上了条码——超市收银结账时扫描的地方。从条码下面的数字中我们可以获知这件物品的生产国、制造厂家、商品名称、生产日期甚至图书分类号、邮件起止地点等信息，因而它在商品流通、图书管理、邮政管理、银行系统等许多领域都得到了广泛的应用。

而二维码是在条码基础上扩展出另一维具有可读性的条码，通常来说用黑白矩形图案表示二进制数据，被特定设备扫描后可获取其中所包含的信息。条码的宽度记载着数据，而其长度没有记载数据。二维码的长度、宽度均记载着数据。二维码有条码没有的"定位点"和"容错机制"。容错机制在即使没有辨识到全部的条码或条码有污损时，也可以正确地还原条码上的信息。这就是为什么我们用手机扫码的时候即使没拍全也能马上识别的原因。

二维码的好处在哪儿呢？首先，就是容量大。如果你愿意，你可以将一条含有 140 个字的微博甚至更多的内容放在一张二维码图片里。当然文字内容越多，二维码就越复杂，识别速度就越慢，但相比条码而言其信息容量已经扩大了数十倍。其次，二维码的编码范围广泛，除了文字，音频、图片等信息也可以编成二维码，这比条码强大太多。

如果不查询相关资料，笔者都不敢相信其实二维码在二十多年前就已经"现身"

国内了，不过当时二维码的适用范围基本局限在科研院所，不涉及民用领域。真正令条码在国内被公众了解和认知还是在 2008 年北京奥运会之后。笔者记得，2009 年互联网上已经出现了一些二维码生成器，输入文本内容就可以生成对应的二维码。

真正令二维码火起来的恐怕还是移动支付，自从支付宝、微信先后开通二维码支付功能后，在全国各地的商超饭馆，越来越多的人不使用现金而开始掏出手机打开付款二维码付账。同时，二维码也开始成为广告主们的新舞台：公交地铁上越来越多的广告添加了对应 App 下载的二维码，公众只要扫描便可以轻松下载应用，这让二维码更加普及。不过二维码大肆铺路的同时危机也是有的。正因为生成二维码的门槛实在太低，只要懂电脑的人都可以自创二维码，这就给了一些不法分子可乘之机。譬如前几年危害不小的手机病毒，其传播方式已经从下载 App 转移到了二维码这一领域。2016 年"315"晚会上现场演示的"街头扫码送礼品"的骗局就是很典型的例子，一旦扫描这种二维码，用户手机内的重要信息就有被盗用的风险，危害很大。

（资料来源：http://mobile.zol.com.cn/583/5838028.html）

讨论：
（1）条码技术给我们的生活带来了哪些便利？
（2）条码与二维码有什么不同？

第一节　物流信息识别与采集设备

Section 1　Logistics Information Identification and Collection Equipment

一、条码技术设备

（一）条码技术概述

条码技术是实现 POS 系统、EDI、电子商务、供应链管理的技术基础，是物流管理现代化的重要技术手段。条码技术包括条码的编码技术、条码标识符号的设计、快速识别技术和计算机管理技术。它是实现计算机管理和电子数据交换不可或缺的前端采集技术。其原理是利用黑白条纹的不同反射效果转换为可传输的电子信息。

（二）条码的分类

1. 按码制分

按码制，条码可以分为 UPC 码、EAN 码（EAN-13 码、EAN-8 码）、ITF-14 码（交叉 25 码）、EAN/UCC-128 码等。

2. 按维数分

按维数，条码可以分为一维条码和二维条码。

二维条码与一维条码相比，其优点有：

（1）高密度编码，信息容量大。二维条码可容纳多达 1 850 个大写字母、2 710 个数字、1 108 个字节，或者 500 多个汉字，比普通条码信息容量约高几十倍。

（2）编码范围广。二维条码可以把图片、声音、文字、签字、指纹等可数字化的信息进行编码；可以表示多种语言文字；可以表示图像数据。

（3）容错能力强。二维条码具有纠错功能，这使得二维条码因穿孔、污损等引起局部损坏时，照样可以正确得到识读，损毁面积达 50%仍可恢复信息。

（4）译码可靠性高。二维条码比普通条码译码错误率（2‰₀₀₀₀）要低得多，误码率不超过 1‰₀₀₀₀₀。

（5）可引入加密措施。二维条码的保密性、防伪性好，并且其成本低、易制作、持久耐用。其符号形状、尺寸大小比例可变，可以使用激光或 CCD 阅读器识读。

复合码是由一维条码和二维条码叠加在一起而构成的一种新的码制，能够在读取商品的单品识别信息时，获取更多商品物流特征的信息。

（三）物流领域中常用条码

1．商品条码——零售商品条码

商品条码是指由一组规则排列的条、空及其对应字符组成的标识，用以表示一定的商品信息的符号。

其中，条为深色、空为纳色，用于条形码识读设备的扫描识读。其对应字符由一组阿拉伯数字组成，供人们直接识读或通过键盘向计算机输入数据使用。这一组条、空和相应的字符所表示的信息是相同的。

目前，我国使用的是 EAN-13 码制商品条码，一般由前缀码、制造厂商代码、商品代码和校验码组成，如图 8.1 所示。商品条码中的前缀码是用来标识国家的代码，赋码权在国际物品编码协会（International Article Numbering Association，IANA）。例如，00-09 代表美国、加拿大，45-49 代表日本，690-694 代表中国大陆，471 代表我国台湾地区，489 代表我国香港地区。制造厂商代码的赋码权在各个国家或地区的物品编码组织，我国由中国物品编码中心赋予制造厂商代码。商品代码是用来标识商品的代码，赋码权由产品生产企业自己行使，生产企业按照规定条件自己决定在自己的何种商品上使用哪些阿拉伯数字为商品代码。商品条码最后用 1 位校验码来校验商品条码中左起第 1~12 数字代码的正确性。

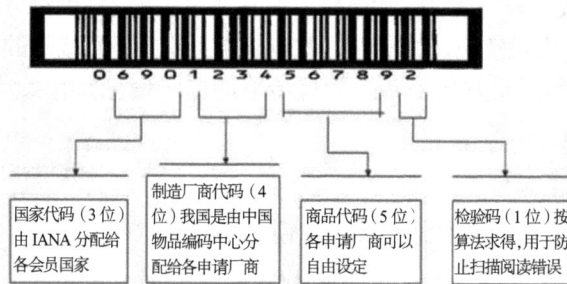

图 8.1　商品条码结构

商品条码编码原则是指同一商品项目的商品应分配相同的商品代码，不同商品项目的商品必须分配不同的商品代码。商品条码的稳定性是指商品代码一旦分配，只要商品的基本特征没有发生变化，就应保持不变。商品条码的无含义性是指商品代码中的每一位数字不表示任何与商品有关的特定信息。

2. 储运单元条码——非零售商品条码 ITF-14 码

储运单元条码是专门表示储运单元编码的一种条码，这种条码常用于搬运、仓储、订货和运输过程中，一般由消费单元组成的商品包装单元构成。

在储运单元条码中，又分为定量储运单元（由定量消费单元组成的储运单元）和变量储运单元（由变量消费单元组成的储运单元）。

定量储运单元一般采用 13 位或 14 位数字编码。当定量储运单元同时是定量消费单元时，应按定量消费单元进行编码，如电冰箱等家用电器，其定量消费单元的编码等同于通用商品编码。当含相同种类的定量消费单元组成定量储运单元时，可给每一定量储运单元分配一个区别于它所包含的消费单元代码的 13 位数字代码，也可用 14 位数字进行编码。

商品条码与储运单元条码的区别如表 8.1 所示。

表 8.1　商品条码与储运单元条码的区别

	应用对象	数字构成	包装形式	应用领域
商品条码	向消费者销售的商品	13 位数字	单个包装	POS 系统、补充订货系统
储运单元条码	物流过程中的商品	13 位或 14 位数字	集合包装（如纸箱、集装箱）	出入库管理、运输保管、分拣管理

3. 物流单元条码——EAN/UCC-128 码

物流单元条码根据 EAN/UCC-128 码定义标准将资料转变成条码符号，并且采用 128 码逻辑，具有完整性、紧密性、联结性及高可靠度的特性。辨识范围涵盖生产过程中一些补充性质且易变动的信息，如生产日期、批号、计量等。可应用于货运栈版标签、携带式资料库、连续性资料段、流通配送标签等。物流单元条码如图 8.2 所示。

图 8.2　物流单元条码

（四）条码系统设备

条码系统是由条码符号设计、制作及扫描阅读组成的自动识别系统。

1. 条码打印机

条码打印机包括工业型条码打印机、桌面型条码打印机和移动式条码打印机三种类型，具体如图 8.3 所示。

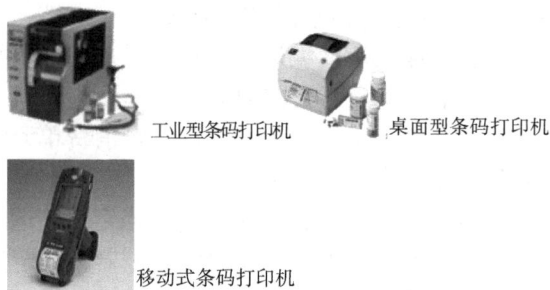

图 8.3　条码打印机

2.条码扫描设备

条码扫描设备包括工业固定式条码扫描仪和手持式条码扫描仪两种类型，具体如图 8.4 和图 8.5 所示。

图 8.4　工业固定式条码扫描仪

图 8.5　手持式条码扫描仪

二、RFID 设备

（一）RFID 技术简介

最初在技术领域，应答器是指能够传输信息、回复信息的电子模块。近些年，由于射频技术发展迅猛，应答器有了新的说法和含义，又被称为智能标签或标签。射频识别（Radio Frequency Identification，RFID）阅读器（读写器）通过天线与 RFID 电子标签进行无线通信，可以实现对标签识别码和内存数据的读出或写入操作。典型的阅读器包含有高频模块（发送器和接收器）、控制单元及阅读器天线。

RFID 是一种非接触式的自动识别技术，它通过射频信号自动识别目标对象并获取相关数据，识别工作无须人工干预，可工作于各种恶劣环境。RFID 技术可识别高速运动物体并可同时识别多个标签，操作方便快捷。

RFID 是一种简单的无线系统，该系统用于控制、检测和跟踪物体。

（二）RFID 的基本组成部分

RFID 标签（见图 8.6）：由耦合元件及芯片组成，每个标签具有唯一的电子编码，附着在物体上标识目标对象。

图 8.6　RFID 标签

RFID 阅读器（见图 8.7）：读取（有时还可以写入）标签信息的设备，可设计为手持式或固定式。

图 8.7　RFID 阅读器

RFID 天线：在标签和阅读器间传递射频信号。

（三）RFID 的工作原理

RFID 技术的基本工作原理并不复杂：标签进入磁场后，接收解读器发出的射频信号，凭借感应电流所获得的能量发送出存储在芯片中的产品信息（无源标签或被动标签），或者由标签主动发送某一频率的信号（有源标签或主动标签），阅读器读取信息并解码后，送至中央信息系统进行有关数据处理。

一套完整的 RFID 系统，由阅读器与电子标签（也就是所谓的应答器）及应用软件系统三部分组成。其工作原理是阅读器发射一个特定频率的无线电波能量给应答器，用以驱动应答器电路将内部的数据送出，此时阅读器便依序接收、解读数据，送给应用程序做相应的处理。

以 RFID 卡片阅读器及电子标签之间的通信及能量感应方式来看，RFID 大致上可以分成感应耦合及后向散射耦合两种。一般低频的 RFID 大都采用第一种方式，而较高频大多采用第二种方式。

阅读器根据使用的结构和技术不同可以是读或读/写装置，它是 RFID 系统的信息控制和处理中心。阅读器通常由耦合模块、收发模块、控制模块和接口单元组成。阅读器和应答器之间一般采用半双工通信方式进行信息交换，同时阅读器通过耦合给无源应答器提供能量和时序。在实际应用中，可进一步通过 Ethernet 或 WLAN 等实现对物体识别信息的采集、处理及远程传送等管理功能。应答器是 RFID 系统的信息载体，目前应答器大多是由耦合原件（线圈、微带天线等）和微芯片组成无源单元。

（四）RFID 应用领域

RFID 广泛应用于进出管理、门禁管理、考勤、车辆管理、巡更、汽车钥匙、动物晶片、固定设备等。

RFID 目前已被广泛应用的频段，是一个比较成熟与颇具活力的产业，主要应用于防伪、物流、人员识别等领域，如供应链、生产管理与产品跟踪、货架、智慧卡（身份证、医保卡与交通卡等）、运输、门禁、票务（门票、电子票务）、图书和旅游卡等。而国土安全、物流、移动商务、防伪、电子牌照、仓库管理、机场行李管理、定位跟踪、自动收费系统、移动车辆识别等领域，将是一个未来最具商机而将被广泛开发与应用的频段。

第二节　零售终端系统及其设备

Section 2　Retail Terminal System and Equipment

一、POS 系统设备

销售终端（Point of Sale，POS）是一种多功能终端，把它安装在信用卡的特约商户和受理网点中与计算机联成网络，就能实现电子资金自动转账，POS 机如图 8.8 所示。它具有支持消费、预授权、余额查询和转账等功能，使用起来安全、快捷、可靠。

图 8.8　POS 机

"销售终端"，全称为销售点情报管理系统，是一种配有条码或 OCR 码的技术终端阅读器，有现金或易货额度出纳功能。其主要任务是对商品与媒体交易提供数据服务和管理功能，并且进行非现金结算。

消费 POS 机，具有消费、预授权、查询支付名单等功能，主要用于特约商户受理银行卡消费。转账 POS 机，具有财务转账和卡卡转账等功能，主要用于单位财务部门。

（一）POS 机的功能

POS 机适用于各类商业场所。

POS 机可接扫描枪、打印机等多种外设，具有前、后台进、销、存、配送等大型连锁超市管理功能。餐饮型 POS 机具有餐饮服务功能，可接多台厨房打印机、手持点菜机等各种外设。POS 机可实现无人看管与 PC 机远程通信，下载资料。同时，它还具有以太网通信功能，通过 ADSL 宽带构成总、分店网络即时管理系统。

（二）POS 机设备构成

整套的 POS 机价格比较贵，除了硬件，还需要一套收款用的软件。其构件如图 8.9 所示。

图 8.9　POS 机构件

软件包括录入、销售、统计、打印、钱箱控制等功能，其实就是一个特定用途的小型数据库应用软件。

POS 机分品牌 POS 和 DIY POS，DIY POS 相对来讲价格会低很多，采用的外设不同价格也会有浮动。DIY POS 与电脑不同，它们有不同的机箱、不同的显示器等。但电脑是能实现 POS 机的功能的，将电脑连接 POS 外设，即可实现 POS 机的功能，只不过样式难看些。

POS 机的外设有以下几种。

（1）客显：分 LED 和 VFD 两种——供消费者观看，显示所收金额、找零金额。

（2）票据打印机：打印收款小票的打印机。有针式打印机和热敏打印机两种，针式打印机价格较高，在 500~700 元。

（3）刷卡器：刷磁卡的设备，主要用于会员积分与店内会员储值。

（4）钱箱：装钱的设备，打印机打完小票后自动弹开钱箱。

（5）扫描设备：扫描商品条码的设备，从样式上分扫描枪和激光平台，建议使用扫描枪（平台价格较高），扫描枪分为红外线与激光两种。

二、自助收银系统设备

（一）自助收银终端介绍

1. 概念

自助收银终端是指消费者在超市购物结账时，无须收银员为其操作，只需购物者独立完成商品支付的一种人机设备，是新型超市结算支付系统的子系统。

2. 自助收银终端的优势

自助收银终端的最大优势就是缓解消费者的排队压力，提高其消费体验指数。

众所周知，大型超市收银排队问题非常严重，甚至会因排队而爆发冲突，尤其是每日的晚高峰期和节假日。首先，自助收银终端的使用可以加快超市人流分散和循环，从而减缓人工收银区的排队压力，无形中增加了超市的人流量，可以为超市带来可观的收益。其次，自助收银终端的使用可以减轻收银员的工作压力，提高收银员的工作效率。再次，自助收银终端与传统人工收银模式在成本效率上差距很大，在相同的效率下，自助收银终端获得的利润更多而成本更少。最后，自助收银终端作为一种人机交互设备，它的扫描和计算更加精确，可以识别伪钞，并且支持超市会员卡、银行卡、微信、支付宝和现金等多种支付方式，增加了消费者的购物乐趣和消费体验。

3. 自助收银终端的弊端

自助收银终端最大的缺点是存在商品安全隐患，尤其是大型超市中的盗窃现象屡屡发生。

此外，一些消费者在无人帮助的情况下可能不会使用自助收银终端；为了加强商品防盗管理，自助收银终端需要结合RFID技术使用，在安装RFID标签时会增加劳动力成本和安装时间；消费者自助付款时易出现被扫描两次的情况；自助收银终端的维修与保养成本较高。

（二）自助收银终端的五大区域

根据自助收银终端的功能，可将其划分为五大区域。

1. 操作区

操作区是核心部分，主要包括：①操作显示屏，用于选择选项，显示商品数据和信息；②电子扫描枪，扫描商品RFID电子标签；③数字键盘，输入银行卡和会员卡密码；④插卡口，插入银行卡和会员卡；⑤凭条打印口，打印购物凭据。

2. 宣传区

宣传区包括：①广告显示屏，显示超市广告或其他广告；②标识灯，显示超市商标或自助收银终端商标。

3. 存放区

存放区主要用来放置购物车内的商品，包括：①搁置台，放置商品；②分隔板，区分其他消费者与自己的商品；③传送带，传送商品；④称重台，计算商品重量。

4. 机箱区

机箱是自助收银终端的主体部分，机箱内部主要是硬件设施，包括：①防滑滚轮；②防盗锁，需要时则打开机箱进行维修；③底座。

5. 警示区

警示区包括：①故障运行指示灯，当自助收银终端出现故障时会发出指示；②监控装置，对消费者进行全程监控，防止发生特殊情况；③号码牌，显示机器号码，显示使用状态。

第三节 GPS 和 GIS 设备

Section 3 GPS and GIS Equipment

一、GPS 设备

（一）GPS 概述

GPS 是英文 Global Positioning System（全球定位系统）的简称，而其中文简称为"球位系"。GPS（图示见图 8.10）是 20 世纪 70 年代由美国陆海空三军联合研制的新一代空间卫星导航定位系统。其主要是为陆、海、空三大领域提供实时、全天候和全球性的导航服务，并且用于情报收集、核爆监测和应急通信等一些军事目的，经过 20 余年的研究实验，耗资 300 亿美元，到 1994 年 3 月，全球覆盖率高达 98%的 24 颗 GPS 卫星星座已布设完成。

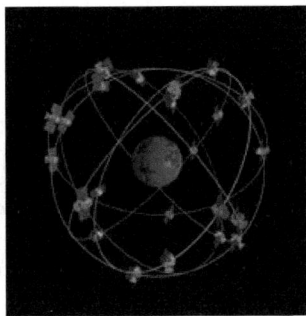

图 8.10 GPS 图示

GPS 功能的实现必须具备 GPS 终端、传输网络和监控平台三个要素，这三个要素缺一不可。通过这三个要素，可以提供车辆防盗、反劫、行驶路线监控及呼叫指挥等功能。

（二）GPS 的组成部分

1. 空间部分

GPS 的空间部分由 24 颗卫星组成（21 颗工作卫星、3 颗备用卫星）。它们位于距地表 20 200 千米的上空，均匀分布在 6 个轨道面上（每个轨道面 4 颗），轨道倾角为 55°。

卫星的分布使得在全球任何地方、任何时间都可观测到 4 颗以上的卫星，并且能在卫星中预存导航信息。GPS 系统中的卫星因为大气摩擦等问题，随着时间的推移，导航精度会逐渐降低。

2. 地面控制系统

地面控制系统由监测站、主控制站、地面天线组成，主控制站位于美国科罗拉多州春田市。

地面控制站负责收集由卫星传回的讯息，并且计算卫星星历、相对距离、大气校正等数据。

3. 用户设备

用户设备即 GPS 信号接收机。其主要功能是能够捕获到按一定卫星截止角所选择的待测卫星，并且跟踪这些卫星的运行。

当接收机捕获到跟踪的卫星信号后，就可测量出接收天线至卫星的伪距离和距离的变化率，解调出卫星轨道参数等数据。根据这些数据，接收机中的微处理计算机就可按定位解算方法进行定位计算，计算出用户所在地理位置的经纬度、高度、速度、时间等信息。接收机硬件和机内软件及 GPS 数据的后处理软件包构成完整的 GPS 用户设备。GPS 接收机的结构分为天线单元和接收单元两部分。接收机一般采用机内和机外两种直流电源。设置机内电源的目的在于更换外电源时不中断连续观测。在用机外电源时机内电池自动充电。关机后机内电池为 RAM 存储器供电，以防止数据丢失。目前，各种类型的接收机体积越来越小，重量越来越轻，便于野外观测使用。

（三）GPS 的应用

GPS 主要用来为船舶、汽车、飞机、行人等运动物体进行定位导航。

例如，船舶远洋导航和进港引水；飞机航路引导和进场降落；汽车自主导航；地面车辆跟踪和城市智能交通管理；紧急救生；个人旅游（导航、导游、导览一体机）及野外探险；个人通信终端（与手机、PDA、电子地图等集成一体）。如图 8.11 所示为 GPS 导航仪。

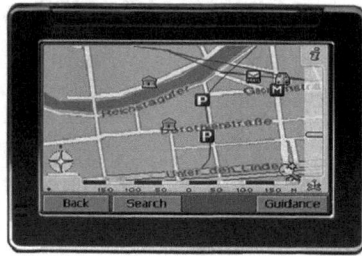

图 8.11　GPS 导航仪

二、GIS 设备

（一）GIS 概述

地理信息系统（Geographic Information System，GIS），是一个基于数据库管理系统的分析和管理空间对象的信息系统。以地理空间数据为操作对象是 GIS 与其他信息系统的根本区别。

GIS 经过了 40 年的发展，目前已得到了极广泛的应用。尤其是近些年来，GIS 更以其强大的地理信息空间分析功能，在 GPS 及路径优化中发挥着越来越重要的作用。GIS 是以地理空间数据库为基础，在计算机软硬件的支持下，运用系统工程和信息科学的理论，科学管理和综合分析具有空间内涵的地理数据，以提供管理、决策等所需信息的技术系统。简单来说，GIS 就是综合处理和分析地理空间数据的一种技术系统。

（二）GIS 的组成部分

从应用的角度来讲，GIS 由硬件、软件、数据、人员和方法（应用模型）五部分组成，如图 8.12 所示。硬件和软件为 GIS 建设提供环境；数据是 GIS 的重要内容；方法为 GIS 建设提供解决方案；人员是系统建设中的关键和能动性因素，直接影响和协调其他几个组成部分。

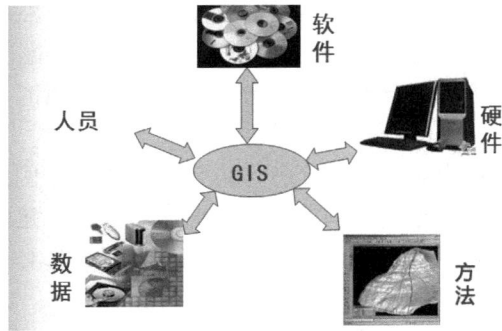

图 8.12　GIS 的组成部分

（1）硬件主要包括计算机和网络设备，存储设备，数据输入、显示和输出的外围设备等。

（2）软件主要包括以下几类：操作系统软件、数据库管理软件、系统开发软件、GIS 软件，等等。GIS 软件的选型直接影响其他软件的选择，影响系统解决方案，也影响着系统建设周期和效益。

（3）数据是 GIS 的重要内容，也是 GIS 系统的灵魂和生命。数据组织和处理是 GIS 应用系统建设中的关键环节。

（4）人员是 GIS 系统的能动部分。人员的技术水平和组织管理能力是决定系统建设成败的重要因素。系统人员按不同分工，有项目经理、项目开发人员、项目数据人员、系统文档撰写和系统测试人员等。各个部分齐心协力、分工协作是 GIS 系统成功建设的重要保证。

（5）方法是指各种针对运输、线路规划的数学应用模型等。

（三）GIS 的应用

GIS 已取得了惊人的发展，它被广泛应用于资源调查、环境评估、灾害预测、国土管理、城市规划、邮电通信、交通运输、军事公安、水利电力、公共设施管理、农林牧业、统计、商业金融、测绘、应急、石油石化等几乎所有的国民经济领域。

（1）资源管理。主要应用于农业和林业领域，解决农业和林业领域各种资源（如土地、森林、草场）分布、分级、统计、制图等问题；主要回答"定位"和"模式"两类问题。

（2）资源配置。城市中各种公用设施、救灾减灾中物资的分配、全国范围内能源保障、粮食供应等。GIS 在这类应用中的目标是保证资源的最合理配置和发挥最大效益。

（3）城市规划和管理。空间规划是 GIS 的一个重要应用领域，城市规划和管理是其中的主要内容。例如，在大规模城市基础设施建设中如何保证绿地的比例和合理分布，如何保证学校、公共设施、运动场所、服务设施等能够有最大的服务面等。

（4）土地信息系统和地籍管理。土地信息系统和地籍管理涉及土地使用性质变化、地块轮廓变化、地籍权属关系变化等许多内容，借助 GIS 技术可以高效、高质量地完成这些工作。

（5）环境管理与模拟。区域生态规划、环境现状评价、环境影响评价、污染物削减分配的决策支持、环境与区域可持续发展的决策支持、环保设施的管理、环境规划等。

（6）应急响应。解决在发生洪水、战争、核事故等重大自然或人为灾害时，如何安排最佳的人员撤离路线，并且配备相应的运输和保障设施的问题。

（7）地学研究与应用。地形分析、流域分析、土地利用研究、经济地理研究、空间决策支持、空间统计分析、制图等都可以借助 GIS 工具完成。

（8）商业与市场。商业设施的建立充分考虑其市场潜力。例如，大型商场的建立如果不考虑其他商场的分布、待建区周围居民区的分布和人数，建成之后就可能无法达到预期的市场和服务面。有时甚至商场销售的品种和市场定位都必须与待建区的人口结构（年龄构成、性别构成、文化水平）、消费水平等结合起来考虑。GIS 的空间分析和数据库功能可以解决这些问题。房地产开发和销售过程中也可以利用 GIS 功能进行决策和分析。

（9）基础设施管理。城市的地上地下基础设施（电信、自来水、道路交通、天然气管线、排污设施、电力设施等）广泛分布于城市的各个角落，而且这些设施明显具有地理参照特征。它们的管理、统计、汇总都可以借助 GIS 完成，可以大大提高工作效率。

（10）选址分析。根据区域地理环境的特点，综合考虑资源配置、市场潜力、交通条件、地形特征、环境影响等因素，在区域范围内选择最佳位置，是 GIS 的一个典型应用领域，充分体现了 GIS 的空间分析功能。

（11）网络分析。建立交通网络、地下管线网络等的计算机模型，研究交通流量，进行交通、地下管线突发事件（爆管、断路）等应急处理。警务和医疗救护的路径优选、车辆导航等也是 GIS 网络分析应用的实例。

（12）可视化应用。以数字地形模型为基础，建立城市、区域或大型建筑工程、著名风景名胜区的三维可视化模型，实现多角度浏览，可广泛应用于宣传、城市和区域规划、大型工程管理和仿真、旅游等领域。

（13）分布式地理信息应用。随着网络和信息技术的发展，运行于 Intranet 或 Internet 环境下的 GIS 应用类型，其目标是实现地理信息的分布式存储和信息共享，以及远程空间导航等。

习题

1. 常见的信息识别与采集设备有哪些？
2. RFID 设备的基本组成是什么？
3. 简述 GIS 及 GPS 的应用。

参考文献

[1] 蒋亮，王志山. 物流设施与设备（第 2 版）[M]. 北京：清华大学出版社，2018.

[2] 余丹亚. 水路运输比较优势评价指标体系研究[J]. 交通运输研究，2018，4(2):1-6.

[3] 刘敏. 物流设施与设备[M]. 北京：北京大学出版社，2018.

[4] 蒋祖星. 物流设施与设备（第 4 版）[M]. 北京：机械工业出版社，2018.

[5] 王雅华. 物流设施与设备（第 2 版）[M]. 北京：清华大学出版社，2018.

[6] 王珏等. 铁路物流设施与设备[M]. 北京：北京交通大学出版社，2018.

[7] 任芳. 无人仓需求在望 技术有待突破[J]. 物流技术与应用，2017，22(1):58-61.

[8] 张国治. 食品加工机械与设备[M]. 北京：中国轻工业出版社，2011.

[9] 王悦芳，苏铁熊. 我国食品机械发展与食品安全问题关联性探讨[J]. 食品研究与开发，2017(01).

[10] 郭浩. 江苏六维：智能仓储物流的排头兵[N]. 物流装备，2017-08-25.

[11] 朱长征. 物流信息技术[M]. 北京：清华大学出版社，2014.

[12] 谢金龙. 物流信息技术与应用[M]. 北京：北京大学出版社，2014.